# LES

# RÉFORMES FINANCIÈRES

DE

# LA RÉPUBLIQUE D'HAÏTI

PAR

ÉNOCH DÉSERT

LICENCIÉ EN DROIT,
Collaborateur de la *Revue de la Science politique*, etc.

« Omnia possumus omnes. »

PARIS

A. COTILLON & C<sup>ie</sup>, ÉDITEURS,

Libraires du Conseil d'État,

24, RUE SOUFFLOT, 24.

# LES RÉFORMES FINANCIÈRES

## DE

# LA RÉPUBLIQUE D'HAÏTI

# LES

# RÉFORMES FINANCIÈRES

## DE

# LA RÉPUBLIQUE D'HAÏTI

PAR

## ÉNOCH DÉSERT

LICENCIÉ EN DROIT,
Collaborateur de la *Revue de la Science politique*, etc.

Omnia possumus omnes.

---

PARIS

A. COTILLON & C<sup>ie</sup>, ÉDITEURS,

Libraires du Conseil d'État,

24, RUE SOUFFLOT, 24.

# LES RÉFORMES FINANCIÈRES

# DE LA RÉPUBLIQUE D'HAÏTI

---

## PRÉFACE

> « Quand dans les temps ordinaires,
> un Etat ne suffit pas à son entretien,
> c'est qu'il est mal administré. »
>
> (Michel CHEVALIER, *Économie poli-*
> *tique*, cours professé au Collège
> de France, 1877-78).

S'il faut croire le bruit qui arrive à mes oreilles, notre République d'Haïti est, depuis quelque temps, sous le coup d'une crise financière.
Et cette crise est si forte, si grande, que, dernièrement même, les Représentants du pouvoir
exécutif, pour appeler dans le pays les capitaux
étrangers, demandaient aux Chambres l'abroga-
tion de nos lois constitutionnelles. Ils demandaient l'abolition de *l'article* 5, de cet article
qui a toujours été considéré, par tous les hommes
qui ont vécu dans les affaires du pays et qui y
ont acquis certaine expérience, comme le palla-

dium de notre indépendance et le gage le plus sûr de notre autonomie politique (1).

D'où vient cette crise ?

Quelle en est la cause ?

Pourquoi est-elle si longue ?

Voilà les questions que tout esprit judicieux doit se poser, avant de chercher à dire ce qu'il faut employer pour l'apaiser, la combattre, la faire disparaître.

Oui, avant de discuter, de proposer les remèdes, cherchons à reconnaître les causes du mal.

Les écrivains, les publicistes les plus autorisés ont déjà dit : les uns, que l'état déplorable des finances de la jeune République vient des guerres intestines, des luttes fratricides dont elle offre le théâtre depuis un temps déjà trop long ; les autres, du retrait brusque du papier-monnaie ; d'autres encore, des irrégularités, hélas ! par trop *régulières* qui se sont commises sous les différents chefs qui ont eu en mains les destinées du pays ; d'autres encore..... mais non, il faut en finir avec toutes ces appréciations des écrivains et des publicistes.

Inutile d'ajouter que je ne vais pas parler de ces causes, dont on a déjà trop souvent entretenu le public.

---

(1) On verra pour nos idées à cet égard, le chapitre sur *Haïti* de notre ouvrage : *le Droit de propriété immobilière.*

Mes raisons pour cela sont presque concluantes :

D'abord, le public serait en droit de me dire :

« De ne plus lui parler de ce qu'il sait déjà. » Et puis, nous aurions beau lui en parler, que nous ne pourrions faire disparaître du pays ces terribles luttes fratricides; nous aurions beau lui en parler, que nous ne pourrions redonner l'aisance à ceux qui l'ont perdue par le retrait trop violent du papier-monnaie; nous aurions beau lui parler de *ces causes*, que nous ne pourrions enfin porter les admiuistrateurs à ne plus être régulièrement irréguliers..... Non, c'est l'œuvre du temps, du grand maître !

Je vais considérer la crise actuelle seulement dans ses rapports avec l'économie politique : Je déterminerai d'abord ses causes, et j'exposerai ensuite les moyens qui, d'après les principes de cette science, sont les plus propres à y remédier.

Mais, avant d'aller plus loin, je sens le besoin de faire une observation et une déclaration.

Il y a dans tous pays une catégorie d'hommes, qui, parce qu'ils n'ont jamais rien appris, rien étudié, s'imaginent qu'ils peuvent résoudre les questions les plus élevées, traiter les sujets les plus importants. En Haïti, cette catégorie d'hommes est si grande, que beaucoup de personnes qui n'ont jamais fait leurs classes, vous en voudraient, si vous alliez mettre en doute leurs lumières, leurs capacités.

Il est impossible de compter tous ceux qui, en Haïti, ont en poche des plans de réforme financière, de réorganisation sociale.

Qui ne se rappelle le langage tenu par un homme de Fond-Ferrier, dans un interrogatoire à Port-au-Prince : « C'était sous Faustin I<sup>er</sup>, par la grâce de Dieu, empereur d'Haïti, à tous présents et à venir, salut ! Une conspiration venait d'être découverte à Fond-Ferrier, et les meneurs subissaient un interrogatoire devant qui de droit à Port-au-Prince. — Quelle charge comptiez-vous avoir à la réussite de l'affaire, demanda le juge d'instruction à l'un des meneurs ? — Eh bien ! moi, *administratè*. — Mais, continua le juge, comment feriez-vous avec cette charge, puisque vous ne savez pas lire ? — Et *segrété*, répliqua l'homme de Fond-Ferrier ? »

Ainsi, un pauvre habitant de Fond-Ferrier ne trouverait pas trop pour lui, les fonctions les plus grandes, les plus élevées !

Notre livre n'est pas adressé aux *forts* d'Haïti, à ces hommes, qui, malheureusement pour eux et pour le pays, sont trop peu « mécontents de leur esprit », à ces demi-savants, demi-savants, qui, pour employer l'expression du poëte sont : « Des sots savants, plus sots que les sots ignorants. »

Il y a encore une classe d'hommes, qui, quoi-

que moins funestes que les premiers, ne contribuent pas moins à nuire au pays et qui sont
aussi priés de ne pas s'occuper du tout de notre
ouvrage : Je veux parler de ceux qui, atteints
d'un scepticisme dégradant, abrutissant, pen-
sent que nous autres, Haïtiens, nous ne pouvons jamais bien comprendre aucune des grandes questions qui se débattent dans le monde
économique ou dans le monde scientifique, et
qu'il nous faudrait peut-être renoncer à nous
gouverner nous-mêmes, afin de voir ces questions recevoir une meilleure solution chez nous
par d'autres.

Ah ! est-ce possible ?

Mais continuons...

J'ai eu à ma disposition bien peu de matériaux
pour l'ouvrage que j'offre aujourd'hui au public
haïtien.

Ces matériaux sont :

1° Un rapport, inséré dans le *Moniteur* du
28 septembre de cette année, fait par M. Thoby
au Sénat, sur les mesures à prendre pour la
création de diverses industries à Haïti.

2° Un projet de loi sur le tafia pour former
une caisse de primes d'encouragement à l'Agriculture (*sic*), inséré, je crois, dans le *Moniteur*
du 26 septembre.

3° Les 30 premières pages du 2ᵉ volume « Des
lois et actes d'Haïti », par Linstant-Pradines.

Ces matériaux seraient tout-à-fait insuffisants

si je n'avais pas pleine confiance dans la bienveillance de mes concitoyens.

Qu'ils soient tous bien sûrs que je n'ai pas la
prétention de regarder comme parfait, l'ouvrage
que je soumets à leurs lumières, à leurs observations, à leurs critiques. Mais le système financier qui en est l'objet, si incomplet qu'il puisse
être, m'a paru contenir des idées, renfermer des
combinaisons propres à améliorer la situation
du pays. Et cela m'a suffi pour le livrer à l'attention des hommes de bien qui se sacrifient et
se dévouent au progrès d'Haïti.

Paris, novembre 1878.

Enoch DÉSERT.

# PREMIÈRE PARTIE.

---

## CHAPITRE PREMIER.

COUP D'ŒIL GÉNÉRAL SUR LES FINANCES, etc.

> « Le travail, rien que le travail. »

La République d'Haïti vit principalement de ses douanes.

Dans le rapport inséré dans le *Moniteur* du 28 septembre, je trouve pour les droits d'exportation, *un million huit-cent-soixante-et-un mille - huit - cent - quarante - cinq dollars, soixante centimes* (P. 1,861,845.60), et pour les droits d'importation, *deux millions cent-quatre-vingt-mille-cinq-cent-dix piastres, cinquante centimes* (P. 2,180,510,50).

Cet état de choses dure depuis un temps immémorial. Dans le livre de M. Linstant-Pradines, « Lois et actes d'Haïti, » j'ai constaté que ces droits existaient déjà en 1809.

Les droits d'importation dépassent, dans le budget 1877-1878, les droits d'exportation de *trois-cent-dix-huit-mille-six-cent-soixante-*

*quatre piastres, quatre-vingt-dix-centimes,*
(P. 318,664,90).

Dans les produits du pays qui paient ces droits d'exportation, nous voyons le café, le coton, le campêche, etc.

Ces droits, si élevés qu'ils aient pu être — le café a payé déjà jusqu'à quatre piastres, quatre-vingts centimes (P. 4,80), — n'ont jamais suffi aux besoins réels de la nation. On dit qu'ils ont suffi à une époque, à l'époque où le papier-monnaie circulait dans le pays.

Partant de cette idée, beaucoup de bonnes gens croient que, si le papier-monnaie était remis en circulation, le pays serait dans une ère de prospérité, et que les droits de douane répondraient aux besoins de l'administration.

On est libre de croire tout ce qu'on veut ; mais il est difficile de faire admettre par des hommes intelligents, toutes les idées, toutes les opinions que l'on a.

Je ne conteste pas qu'à l'époque du papier-monnaie, la misère était chez nous aussi grande qu'à présent ; mais le papier-monnaie peut-il mettre un peuple dans la voie de la prospérité !

Non ! car le papier-monnaie est un expédient, et les expédients conduisent toujours les États à leur ruine.

Ce qu'il faut pour donner à un pays la prospérité, c'est le *travail* et rien que le travail.

On aura beau déclamer dans les Chambres et

réclamer dans les journaux ; on aura beau parler de Banque et d'Immigration, que l'on restera toujours dans le domaine des rêves chimériques, si l'on croit que, la banque une fois instituée, l'argent ira, comme par enchantement, à la poche de Pierre, à la poche de Paul, ou bien que l'immigration une fois *faite*, les immigrants, au lieu de pourvoir à leur propre bien-être, pourvoiront au bien-être des autres.

Expédients, déclamations et réclames, je vous en veux ! Je vous en veux, parceque vous donnez aux peuples de fausses théories, des idées perturbatrices. Je vous en veux, parceque, tout en *résolvant* les questions, vous conduisez les Etats à leur ruine. Et en ce moment, expédients, déclamations et réclames, il faut aux peuples de bonnes idées et des théories justes, il faut, par la solution des questions, conduire les Etats au bien-être et à la prospérité.

N'est-ce pas, expédients, déclamations et réclames, que vous n'en êtes pas capables ?

---

## CHAPITRE II.

### L'INDUSTRIE AGRICOLE, etc.

Tout le monde sait qu'Haïti par sa position géographique, peut tirer grand parti de l'industrie agricole.

En effet, les sciences physiques et naturelles prouvent que dans la zone où cette île se trouve, il y a le plus souvent une atmosphère de vapeurs d'eau, lesquelles vapeurs d'eau sont condensées en pluies par les vents qui les apportent dans cette île. Ces pluies rendent le sol fertile, et un peu de travail dans un sol fertile peut conduire aux résultats les meilleurs. Et remarquons aussi qu'à Haïti, il n'y a pas de ces fortes chaleurs qui tuent les habitants des pays fertiles, féconds, mais où l'on ne peut faire quelques bonnes heures de travail, sans être écrasé par un soleil actif et fatigant.

Nous sommes donc, en ne considérant que l'industrie agricole, essentiellement favorisés par la nature.

Tout le monde sait qu'Haïti peut tirer grand parti de l'industrie agricole, ai-je dit au commencement ? — Oui.

Il n'est personne, en effet, connaissant bien

Haïti, qui puisse contester ma façon de voir.

Tenez, voulez-vous vous en assurer ? Attendez le 1<sup>er</sup> mai, qui est la date de la fête de l'agriculture, fête nationale consacrée par presque toutes les constitutions qui ont régi le pays, et maintenue par la Constitution de 1867, qui la régit actuellement. Attendez le 1<sup>er</sup> mai, dis-je, et vous verrez, dans le « Moniteur haïtien », tous les discours où les autorités du pays parlent de l'agriculture.

Dans tous les arrondissements, dans toutes les communes, l'on est d'accord à reconnaître que le bien-être et la prospérité d'Haïti ne peuvent venir que de l'agriculture, que les cultivateurs forment la portion la plus intéressante de notre société ; lisez donc ces discours, et vous verrez si l'on ne reconnaît pas qu'il faut encourager l'agriculture, qu'il faut la développer.

Mais pourquoi vous renvoyer à des discours, je vais vous mettre sous les yeux quelques expressions d'un document que j'ai lu dernièrement, dans un numéro du Moniteur Haïtien du « mois de septembre. »

Ce document est destiné à passer à la postérité, d'abord, parce qu'il contient de hautes idées de *solidarité de l'entrepreneur et de l'Etat, laquelle solidarité est la base du libéralism ;* ensuite, parce qu'il *concerne l'honneur du pays ;* enfin, mais enfin, parce qu'il parle d'une manière excellente de la *création d'usines à sucre*, j'ai parlé du projet de loi ayant pour titre : « loi sur le tafia pour former une caisse de primes d'encouragement à l'agriculture. » (*sic*).

Dans ce document, je relève ces expressions : « l'agriculture est la principale source de la fortune publique, » — « l'agriculture est le remède infaillible à notre consomption. » — Ainsi, vous voyez que l'agriculture est *la principale source de la fortune d'Haïti*, que c'est encore le *remède infaillible à la consomption* de la jeune République.

Et puis, ajoutez, avec l'auteur du document, que cette source-remède est « la base incontestable du bien-être des familles, » — « le pivot du capital le plus solide, » et concluez, avec lui, qu'il y a « *nécessité urgente, dans l'actualité* (*sic*) » que les autres industries contribuent à sa prospérité qui est l'arche sainte (hein, qu'en dites-vous?) etc., etc., je vous dispense, du reste.

Vous avez pu découvrir, dans les quelques expressions que je viens de vous mettre sous les yeux, le rôle que les autorités d'Haïti attribuent à l'agriculture et toute la somme de sollicitude et d'encouragement qu'elles demandent pour cette industrie.

Mais, quoique l'on reconnaisse la place que l'Industrie agricole occupe dans le pays, et quoique l'on ne nie pas les services qu'elle rend aux autres Industries, toutes les lois financières faites à Haïti n'ont tendu, jusqu'ici, qu'à retirer à cette industrie ses moyens d'activité, ses moyens d'existence. Et comme toutes les lois aboutissent ou à une recette ou à une dépense, nous pouvons ajouter à ce grand nombre de lois financières que nous avons, un fort grand nombre de nos autres lois administratives.

Curieuse logique de l'esprit humain !... Vous reconnaissez que l'industrie agricole est la source de la fortune publique, et, au lieu de nettoyer cette source, vous employez des procédés qui doivent la tarir; vous dites que l'agriculture est un remède infaillible à notre consomption, et ce remède vous l'appliquez de telle manière que ses effets doivent être annihilés. — Vous admettez que l'agriculture est la base incontestable du bien-être des familles, et cette base vous la minez.

Financiers d'Haïti, vous êtes inconséquents !
Financiers d'Haïti, vous n'êtes pas logiques !

# CHAPITRE III.

## DÉVELOPPEMENT DE L'INDUSTRIE AGRICOLE.

> Il ne faut pas imposer la production nationale.

J'ai dit plus haut que les produits agricoles contribuent pour une grande part aux charges de l'État. Et j'ai aussi dit que toutes les autorités, tous les individus de la République d'Haïti reconnaissent que l'industrie agricole est l'industrie *nationale*. Et tout le monde a dû ajouter avec moi que c'est illogique de faire supporter les principales charges du pays par l'industrie nationale, par l'industrie qui est appelée à alimenter toutes les autres. *Car l'on doit comprendre facilement que plus une industrie est imposée, moins les personnes qui se livrent à cette industrie en retirent de bénéfices, et moins on retire de bénéfices dans une industrie, moins il y a de personnes qui s'y livrent, car les travailleurs cherchent toujours à créer la plus grande somme de richesses possible ; et moins il y a de travail et de capitaux employés dans une industrie, moins cette industrie doit avoir d'essor, de développement.*

Eh bien ! supposons que cette industrie qui se trouve la plus imposée dans un État, soit l'industrie la plus propre à cet État, l'industrie où les individus de cet État peuvent, de par la nature, de par leurs aptitudes. arriver à obtenir les meilleurs résultats possibles, supposons en un mot, que cette industrie soit l'industrie nationale par excellence, l'industrie-mère, vous ajouterez avec moi que *plus l'industrie-mère d'une nation se trouve imposée, moins les autres industries peuvent y être développpées.*

Et par conséquent, disons donc hautement : plus l'industrie-mère d'une nation se troûve imposée, moins le travail pourra se développer dans cette nation. Et puisque nous avons dit plus haut, qu'une nation ne peut arriver au bien-être, à la prospérité, que par le développement le plus complet du trávail, *nous concluons que plus l'industrie-mère d'une nation se trouve imposée, plus cette nation se trouve éloignée de la seule voie qui peut la conduire au bien-être et à la prospérité.* Appuyons notre raisonnement par des exemples :

Supposons que les principaux produits de notre industrie agricole, tels que le café, le coton, le campêche, qui ont, en ce moment, à payer aux douanes des droits de 4, de 2 piastres, les cent livres et de 4 piastres les mille livres, n'aient plus à payer aux douanes que des droits de 3 piastres et d'une piastre les cent livres et de 2 piastres les mille livres. — Par cet abaissement des droits, abaissement qui permet de réaliser un bénéfice de 1 piastre sur les cent livres des deux premiers produits et un bénéfice de 2 piastres sur les mille livres du second produit, par cet abaissement de droits, dis-je, il y aura *bien plus de personnes*, c'est-à-dire *bien plus de travail et de capitaux* s'appliquant à l'industrie agricole. Par conséquent, cette industrie aura plus d'essor, plus de développement. Et, comme cette industrie agricole est notre industrie-mère, son développement amènera infailliblement le développement des autres industries.

Ainsi, sans être dans le domaine des rêves chimériques, vous pouvez affirmer que si nos produits agricoles augmentent d'autant ou de moitié seulement, nos moyens de transport ne suffiront plus à ces produits. Et comme les hommes recherchent toujours les moyens de créer facilement la richesse, c'est incontestable qu'avant longtemps, on établira sur les points où cette production agricole n'aura pas trouvé une circulation prompte, une circulation en rapport avec elle-même, c'est incontestable qu'on établira pour cette production ou le transport par chemins de fer, ou le transport par navigations fluviale et maritime, — autant d'industries qui naîtront et se développeront par le développement de l'industrie agricole. Et ajoutons à la naissance de ces industries et à celle de bien d'autres que je passe sous silence, la naissance et le développement d'autres industries; naissance et développement dûs à la naissance et au développement de ces dernières venues.

Ainsi la création des chemins de fer, celle de la navigation feront exploiter nos mines de houille et nos mines de fer. Et, exploitations conduisant bien souvent à exploitations, les exploitations des mines de fer et des mines de houille porteront aux exploitations des autres mines.

Je n'insiste pas davantage sur ces vérités; mais je dis : puisqu'il est admis qu'un abaissement de droits sur nos produits agricoles, doit amener infailliblement le développement de cette industrie et la naissance de beaucoup d'autres industries, par conséquent, le bien-être et la prospérité chez nous, pourquoi ne pas abaisser ces droits jusqu'à..... jusqu'à *zéro?*

Examinons les objections que l'on pourrait nous faire.

— Les abaisser jusqu'à zéro, y pensez-vous?... Quoi, contrairement à l'opinion émise dans le rapport du *Moniteur* du 28 septembre, vous auriez retiré à l'État une *source certaine qui rend bien* les impôts?... — Mais y pensez-vous encore ; vous auriez retiré du budget 1877-1878, la somme de *un million huit-cent-soixante-et-un-mille-huit-cent-quarante-et-cinq piastres soixante centimes* (P. 1,861,845, 60 c.)... somme *qui assure bien le paiement des dépenses obligées de l'État...* Mais c'est de l'extravagance ! C'est de l'insenséisme ! (1)...

Eh bien ! *puisque vous voulez changer tout ou partie de notre système fiscal, — je vous prie respectueusement,* avec le rapporteur de la Commission du Sénat, *de désigner par avance en regard de chaque suppression une source certaine et équivalente d'impôts...* Désignez-en une autre, ou bien vous serez pris en flagrant délit de bavardage... Non ! *Ici les principes doivent s'adapter aux faits et les financiers doivent se résigner à ces impôts, parce qu'ils sont sûrs :*

— Cette objection n'est pas sérieuse.

Les financiers qui ne *s'attachent à des impôts que parce qu'ils sont sûrs,* sont des financiers qui ne peuvent pas faire progresser les finances d'un pays.

Les vrais financiers ne doivent admettre que les impôts qui ne froissent pas les principes économiques. Les droits d'exportation entravent l'industrie-mère, par conséquent, toutes les industries du pays. Je demande donc que ces

---

(1) Que M. Littré m'excuse !

barrières qui s'opposent au développement du travail, soient renversées. Une des premières règles de la science financière, c'est que « l'on ne doit pas imposer la production nationale (1). » *Cave a consequentiariis*, dit-on. Au contraire, je vois bien les conséquences essentielles de cette suppression. Je vois, en effet, que si le café, le campêche, le coton ne paient plus de droits aux douanes, je vois que la somme de *un million huit-cent-soixante-et-un-mille-huit-cent-quarante-cinq piastres* que paient ces produits, ira chez les producteurs de denrées qui supportent définitivement ces droits.

Quand je dis la somme de P. 1,861,845,60, je dis mal. Je pourrais certainement ajouter à cette somme soit cinq-cent-mille piastres (P. 500,000), soit un million de piastres (P. 1,000,000), soit... Je ne puis pas trop préciser, je pourrais ajouter une autre somme de droits que paient définitivement les producteurs de denrées, somme qui n'est pas notée dans l'exercice budgétaire 1877-1878, mais dont les caisses des particuliers s'emplissent. Je puis admettre l'existence de cette somme avec tous vos financiers, à commencer par celui qui a, en ce moment, les yeux sur les Finances d'Haïti, car, dans un numéro du *Moniteur* du

---

(1) Je n'ai trouvé cette règle formulée nulle part. Je pourrais donc en revendiquer la paternité : *suum cuique.*

mois d'octobre dernier, il y a une lettre de ce fonctionnaire aux contrôleurs des douanes, dans laquelle il parle des fraudes commises à l'*exportation* et à l'importation des marchandises.

Ainsi donc, toute cette somme de P. 1,861,845,60 et cette somme de droits perçus à l'exportation dont l'État ne tire pas parti, seraient chez les producteurs de denrées.

Je me répète : la suppression des droits à l'exportation amènera une hausse des produits agricoles, et cette hausse déterminera un profit pour les producteurs agricoles. Ce profit se maintenant toujours, il y aura du travail et des capitaux qui s'appliqueront à la production agricole ; travail et capitaux qui obtiendront une rétribution large et facile. Par conséquent, développement de cette industrie agricole, et naissance des autres industries par le développement de l'industrie nationale.

En parlant des produits agricoles du pays, je n'ai mentionné principalement que le café, le campêche, le coton.

Je n'ai pas oublié les autres produits, mais j'ai pris le café, le campêche, le coton, parce qu'il est admis par tout le monde, que ces produits paient la plus forte partie des droits de l'exportation, je n'ai parlé d'eux que *verbi gratiâ*.

Il nous faut, cependant, parler particulièrement d'un produit de notre agriculture, produit sur lequel l'État ne perçoit pas beaucoup de droits, non pas parce qu'il en est exempt, mais parce que les droits indirects qui sont sur ce produit, si petits qu'ils paraissent être, sont si forts, si lourds qu'ils tuent tout-à-fait la préparation, la culture de ce produit. Ce produit est la canne à sucre. Et la canne à sucre fait le sirop. Et le sirop fait le sucre, le tafia.

Dans le document dont j'ai parlé, plus haut (page 15), il est dit que le tafia est un poison. Nous ne rechercherons pas l'opinion des chimistes à cet égard ; cependant, nous disons que, s'il est reconnu que le tafia est un poison, il n'est guère approuvé par la morale de permettre l'établissement des habitations rurales où ce poison est fabriqué sur une grande échelle, et la fondation des maisons où ce poison est débité avec la plus grande profusion. — « Et l'intérêt doit finir un jour par parler la même langue que la morale », a dit Montesquieu.

Toutefois, ne prenons pas à la lettre l'opinion qui est émise dans le projet de loi, et, au lieu d'affirmer que le tafia est un poison, disons avec quelques médecins, que l'abus du tafia donne la maladie appelée : cirrhose du foie.

Mais je me trompe : ce n'est pas seulement pour combattre le poison qui a nom tafia, que le projet de loi dont je parle, a été fait. Il a été fait pour former une caisse de primes d'encouragement à l'agriculture, et pour porter les agriculteurs à fabriquer du sucre au lieu de fabriquer du tafia. — Soit, mais mes appréciations subsistent encore. Voulez-vous développer la fabrication du sucre brut chez vous? Abolissez les droits sur les sucres bruts (1). Il y aura alors plus d'intérêt, toutes choses égales d'ailleurs, à faire du sucre brut que du tafia : car *le marché du sucre brut est immense et celui du tafia est infiniment restreint.*

L'exportation du sucre sans droits déterminera une hausse de ce produit, hausse qui, comme celle du café, du campêche et des autres denrées, profitera à l'agriculture et aux autres industries. Quant aux guildives, il ne faut pas les imposer pour faciliter la fabrication du sucre. Si un producteur de cannes trouve qu'il y a pour lui plus d'intérêt à faire du sucre que du tafia, il fera naturellement du sucre et la fabrication du sucre brut remplacera celle du tafia.

---

(1) L'on pourra voir, pour les développements, mon ouvrage : *Le commerce du sel et du sucre.*

## CHAPITRE IV.

### LE DROIT DE TRAVAILLER ET LE DROIT D'ÉCHANGER, etc.

L'homme n'a qu'à bien observer les choses pour voir combien sont dans le monde inégalement réparties les forces de la nature et combien sont insuffisantes dans le milieu où il vit, les ressources de son entretien.

De cette insuffisance des ressources et de cette inégale répartition des forces naissent deux droits qui sont d'une union si étroite, d'une connexion si réelle que l'un rappelle toujours l'autre : j'ai nommé le droit de travailler et le droit d'échanger.

En effet, si les choses qui sont autour de l'homme ne suffisent pas à son entretien, son devoir le plus impérieux est de travailler pour se les procurer, et si les forces naturelles sont inégalement et diversement réparties dans le monde, il apparaît à l'homme, être intelligent, qu'au lieu de chercher à produire indéfiniment toutes choses, il vaut mieux s'appliquer à la production de celles que ses aptitudes particulières, ses talents, sa vocation propre et la nature des matériaux qui l'entourent lui permettent de produire avec facilité, et d'échanger ces choses contre d'autres, dont il a besoin et qu'il ne peut pas produire, ou qu'il produit avec trop de peines.

Le droit de travailler et le droit d'échanger dérivent donc, tous les deux, de la nature des choses et appartiennent au droit naturel.

Mais, par la plus grande de toutes les contradictions et de toutes les inconséquences, les gouvernements distinguent toujours l'un de l'autre, ces deux droits si peu distincts au fond. Et, tandis qu'ils entravent peu le premier, ils font des règlements, des lois vexatoires qui prouvent qu'ils méconnaissent le second. Et comme le premier ne peut exister d'une manière complète qu'autant que le second existe d'une manière complète, ces règlements et ces lois vexatoires qui, d'après ces gouvernements, ne touchent qu'au second, créent encore d'autres entraves au premier.

Je ne veux pas, dans un ouvrage d'un cadre aussi limité que celui-ci, passer en revue toutes les restrictions qui ont été apportées au droit d'échange : autrement, il faudrait commencer par examiner l'*emporium* d'Athènes, le *portorium* de Rome et le droit exorbitant des *portitores* Romains.

Mais puis-je ne pas citer tous les droits qui entravaient le droit d'échange à la fin du dix-huitième siècle, tels qu'en France : 1° les droits d'entrée et de sortie des cinq grosses fermes ; 2° les droits uniformes ; 3° les droits de douanes de Lyon et de Valence, les droits de prévôté de Nantes, de comptablie de Bordeaux, de convoi et péage de Péronne, les droits des officiers des traites d'Anjou, de la traite de Charente, de la traite d'Arsac, des traites domaniales, droits de Brieux, ports et hâvres en Bretagne, les deux pour cent d'Arles, le denier de Saint-André, le liard du Baron — tous ces derniers droits locaux, abrogés seulement par le décret du 5 novembre 1790 de l'Assemblée nationale constituante. — Puis-je ne pas citer en Angleterre, au commencement de ce siècle, la loi des Céréales faites pour protéger l'aristocratie foncière, et ne pas rappeler qu'en Allemagne, avant 1816, toute marchandise entrant par le Nord avait à traverser seize lignes de douanes pour arriver à la portée des consommateurs du centre.

Mais, en France, depuis la grande Révolution, en Angleterre, depuis les luttes de la Ligue, en Allemagne, depuis le Zollverein, toutes ces restrictions au droit d'échanger et, l'on peut ajouter, au droit de travailler ont perdu de leur violence, de leur rigueur.

Cependant les douanes existent encore. Et les routiniers de la science économique et de la science politique, ne voyant dans les droits de douanes que de forts revenus, de grosses ressources pour le fisc, se cramponnent à ces droits avec une passion, qui, si elle n'était pas funeste pour les Etats, serait de nature à exciter le rire de tous ceux qui comprennent que les bases premières de la science économique sont le droit de travailler et le droit d'échanger.

Voyons un peu ces droits de douanes sur les produits étrangers importés à Haïti, et, pour la clarté de l'exposition, divisons ces droits en deux catégories :

1º Droits de douanes sur les produits étrangers importés à Haïti, produits dont les similaires se fabriquent dans le pays ; 2º droits de douanes sur les produits importés à Haïti, produits dont les similaires ne se fabriquent pas dans le pays.

La distinction étant ainsi faite, montrons les rapports de ces droits avec les principes économiques.

# CHAPITRE V.

## DROITS MI-PARTIE FISCAUX, MI-PARTIE PROTECTEURS, etc.

> « On se rendit compte que le bien suprême, ce n'est pas le travail en lui-même, c'est l'abondance et le bon marché des produits, et que la première condition pour que le travail donne dans une nation le maximum possible de produits ou de valeurs échangeables, c'est que ce travail s'applique aux industries, auxquelles la contrée et la population sont les plus aptes et qu'il néglige celles pour lesquelles la contrée n'est pas propice et la population n'a pas de goût. On s'aperçoit enfin que la concurrence étrangère est un stimulant indispensable, un instrument de progrès que rien ne peut remplacer. »
>
> (LEROY BEAULIEU, *Cours de finances à l'école des sciences politiques.)*

J'ai dit plus haut que les droits de douanes assurent de forts revenus à l'Etat. Ces revenus, dont la perception ne doit être faite que pour subvenir *principalement* aux dépenses que le gouvernement est obligé de faire pour l'entrée des produits étrangers, n'ont atteint de grandes proportions que par l'augmentation continuelle, excessive des droits sur les produits de cette première catégorie. Ces droits par cette excessive augmentation, perdent leur utilité fatale. Et il arrive que, si le gouvernement *perçoit beaucoup d'argent* sur ces produits étrangers, *les citoyens en perdent beaucoup.* Et, par ce procédé, le travail se trouve paralysé. Cela ne doit pas avoir lieu, attendu que, si le gouvernement a le droit de percevoir des impôts, son devoir le plus impérieux est de ne pas arrêter l'essor du travail en prélevant des impôts arbitraires et excessifs.

Mais, cet excès et cet arbitraire des impôts sur les produits étrangers dont les similaires sont fabriqués à Haïti, on a essayé de les justifier par plusieurs raisons. J'en cite les principales :

1º Les droits établis sur cette espèce de produits ont pour but de protéger, de favoriser l'agrandissement de la production nationale ;

2º Les emplois de la production nationale sont les moyens d'existence de la classe ouvrière. Et cette production nationale, et, par conséquent, les moyens d'existence de la classe ouvrière se trouveront diminués sous l'effort de la concurrence étrangère. Or les droits excessifs sur les produits de cette première catégorie, sont justes, puisqu'ils ont pour principale raison une idée éminemment philanthropique ;

3º Le sentiment de la nationalité doit porter

le gouvernement à faire que le plus grand nombre d'objets possible se trouve fabriqué dans le pays, car autrement, la nation dépendra d'autant de l'étranger : les droits sur les produits de cette première catégorie, ne sont pas en contradiction avec ce sentiment.

J'analyse maintenant ces raisons, les presse un peu, afin de faire sortir le vide qu'elles contiennent.

Je ne conteste pas que les droits établis sur les produits étrangers dont les similaires sont fabriqués à Haïti, n'ont pas été établis dans le but de favoriser les industriels nationaux. Non, jamais je ne le contesterai. Mais je dis que ces droits ne sont pas aux dépens des industries similaires de l'étranger et que le gouvernement fait, en maintenant ces droits, une chose nuisible à la production nationale ; car ces droits favorisent une branche de la production du pays, aux dépens de toutes les autres.

Je m'explique car, comme l'a dit le spirituel auteur de « *ce qu'on voit, et ce qu'on ne voit pas* », « la protection réunissant sur un point donné le bien qu'elle fait et infusant dans la masse le mal qu'elle inflige, l'un est visible à l'œil extérieur, l'autre ne se laisse apercevoir que par l'œil de l'esprit. »

Pourquoi, quand on fabrique des chaussures à Haïti, dois-je acheter encore des chaussures étrangères, moi qui suis à Haïti ? — Pourquoi, quand il y a, à Haïti, des tailleurs qui peuvent me faire, aussi convenablement que vous voulez le croire, des pantalons, des redingotes, désiré-je acheter encore des pantalons, des redingotes, fabriqués à l'étranger ? — Parce que, — et Jacques, et Paul et Pierre répondent avec moi, — parce que ces produits étrangers sont à meilleur marché que les produits similaires d'Haïti ; — à meilleur marché, c'est-à-dire que pour une même somme de... j'ai, ou plus de produits étrangers que j'aurais de produits similaires haïtiens, ou autant de produits étrangers que j'aurais de produits similaires haïtiens, mais avec, dans cette dernière hypothèse, une différence de qualités à l'actif des produits étrangers.

Il est de la dernière évidence que, si l'on retire les droits de douanes sur les produits dont je parle, droits de douanes élevés dans une idée de protection, le consommateur, qui se trouve à Haïti, aura, de par ce fait, les produits étrangers à meilleur marché qu'il n'obtient, en ce moment, les produits similaires haïtiens. — Aux dépens de qui donc favorise-t-on depuis si longtemps, ces diverses branches de l'industrie ? Est-ce aux dépens de l'industrie étrangère ? L'industrie étrangère souffre *bien souvent* de ces droits, qui ne font que restreindre son marché, mais, à coup sûr, tous ceux qui habitent Haïti, perdent par la présence des droits sur cette catégorie de produits étrangers. Ils perdent tout ce qu'ils n'auraient pas dépensé en plus pour avoir ces produits haïtiens, devenus fort chers par ces droits de douanes.

La cherté des produits haïtiens, voilà le résultat indéniable des droits de douanes sur les produits étrangers dont les similaires se trouvent fabriqués à Haïti : la cherté de ces produits, — par conséquent, perte d'argent pour ceux qui les achètent.

La cherté : supposons qu'une paire de chaussures étrangères coûterait, à Haïti, les frais de transport compris, la somme de 20 francs, et qu'une même paire de chaussures, fabriquées dans le pays, vaille 30 francs. Comme dans ce cas, les consommateurs ne voudraient pas acheter ces dernières chaussures, le gouvernement se résout à frapper, de 15 francs de droits au moins, les chaussures étrangères, afin qu'elles ne fassent pas concurrence aux chaussures fabriquées dans le pays. Celles-ci, par cette mesure, se maintiennent, se vendent au prix de 30 francs, tandis que leurs pareilles étrangères deviennent au moins aussi chères qu'elles.

Perte d'argent pour les nationaux : Les nationaux étant obligés, dans notre hypothèse, d'acheter 30 francs des produits qu'ils pourraient acheter 20 francs, n'est-il pas évident qu'ils perdent pour chaque achat la somme de 10 francs?

Cette somme de 10 francs que perd le consommateur, à chaque achat de chaussures, c'est un impôt que le gouvernement fait payer à certains industriels nationaux.

C'est comme si le gouvernement disait : « Il y a sur la place de Port-au-Prince actuellement, des chaussures à 20 francs et d'autres chaussures à 30 francs. Les premières, sont faites hors du pays, les secondes, dans le pays. Il importe peu à toi, consommateur de savoir d'où viennent ces chaussures pour te décider à te les procurer. Le meilleur marché seul te décidera, car ton but, je le sais, est de vivre en faisant peu de frais inutiles. Tu vas donc te décider au mieux de tes intérêts, tu vas acheter les chaussures étrangères, qui sont d'aussi bonne qualité que les chaussures faites dans le pays, mais qui coûtent 10 francs moins. Mais, si c'est ainsi que tu comprends ton intérêt et si c'est ainsi que toute la masse des consommateurs entend son intérêt, moi, gouvernement, entendez-vous consommateurs, je veux que les choses se passent autrement, et ce, pour favoriser certains industriels nationaux. Je veux que vous payiez à chaque industriel national, fabriquant de chaussures, un impôt de 10 francs pour chaque paire de chaussures étrangères que vous achèterez 20 francs, ce qui fait que vous dépenserez en tout 30 francs pour chaque paire de chaussures. Je fais mieux :

pour ne pas surveiller chaque achat de chaussures que vous ferez, je prélève un droit de 14 francs sur chaque paire de chaussures étrangères, ce qui va porter le prix de chacune d'elles à 30 francs au moins. Alors vous achèterez, quand même, les chaussures faites dans le pays, et paierez, ainsi, 10 francs aux industriels nationaux sur chaque achat de chaussures que vous leur ferez, somme de 10 francs que vous n'auriez pas besoin de dépenser si les chaussures étrangères faisaient concurrence aux chaussures fabriquées dans le pays. »

Langage banal ! mais le consommateur doit parler ainsi au gouvernement : « Je ne connais ni les produits nationaux, ni les produits étrangers. Les objets qui sont nécessaires à mon entretien, j'ai le droit de me les procurer sur le marché général du monde. Ce droit, vous le violez, quand vous restreignez l'étendue de ce marché pour me porter à acheter de certains nationaux, les produits que je puis me procurer ailleurs à meilleur marché ! Vous n'avez pas le droit de me faire *acheter cher, à gauche,* ce que je puis obtenir *à très-bon marché, à droite.* Vous n'avez pas le droit de protéger une seule classe aux dépens de toutes les autres classes de la société. Cet impôt, que vous prélevez sur moi par le surcroît de prix des produits fabriqués dans le pays, est injuste, car la première condition d'un impôt, c'est d'être réparti également sur tous les membres de la société (1). »

Et puis à supposer même que le gouvernement haïtien eût le droit de frapper les consommateurs d'un impôt au profit des industriels nationaux, la science économique ordonnerait qu'il ne le fît pas.

Il est incontestable que si les consommateurs ne payaient : ici, un impôt aux producteurs de chaussures ; là, un impôt aux fabricants de pantalons, etc., il est incontestable qu'ils seraient riches d'autant.

Ainsi donc, la concurrence étrangère aurait pour effet salutaire d'empêcher les consommateurs à ne pas perdre le surcroît d'argent qu'ils emploient dans l'achat de certains produits du **pays**. Et j'ajoute qu'elle ne pourrait pas avoir pour *effet de retirer les moyens d'existence* des *industriels nationaux*.

En effet, quand plusieurs consommateurs qui ont 10,000 francs de revenu ne sont pas obligés de payer, sur les achats de consommation, 10, 20, 50 0/0 d'impôt à certains producteurs du pays, cette somme de 1000, de 2000, de 5000 qu'ils gardent par devers eux, qu'en font-ils ?

— Ou ils s'en servent pour acheter des objets pour leur usage, mais des objets de même nature que ceux qu'ils seraient obligés d'acheter des

---

(1) Voy. chap. X.

producteurs du pays ; ou ils s'en servent pour acheter d'autres objets ; ou ils emploient cette somme comme capital, à la reproduction de certaines utilités.

Or, dans chacune de ces hypothèses, les moyens d'existence des industriels nationaux ne peuvent être diminués.

Dans la première hypothèse, on doit reconnaître que le consommateur, achetant un plus grand nombre d'objets étrangers pour son usage, augmente la circulation et fait vivre les agents de la circulation. Ainsi, quand le consommateur demande ces objets de l'étranger, je vois d'abord le commerçant qui, sous le régime de la liberté des transactions, mérite autant de faveurs pour ses productions immatérielles que d'autres pour leurs productions matérielles, — je vois le commerçant qui bénéficie de ce surcroît de demandes de la part des consommateurs.

Je vois encore ceux qui font profession de transporter ces objets, les voituriers, qui jouissent de ce surcroît de travail.

Quant aux nationaux qui fabriquent les mêmes objets, je ne les vois pas dans cette détresse qu'on suppose.

Sans doute, la concurrence étrangère appellera à elle leurs clients, mais n'en auront-ils pas encore ? — Oui, ils en auront moins, mais ils en auront toujours.

Ils auront moins de clients : — cela est évi-

dent, puisqu'une partie de leurs clients achète-
ront des produits étrangers.

Auront-ils toujours des clients ? — C'est ce
que je vais prouver :

Puisque je demande que les produits étrangers, dont les similaires se trouvent à Haïti, ne
paient plus de droits protecteurs aux douanes,
et puisque dans notre système, — je le dis par
anticipation, les matières premières des produits
fabriqués à Haïti ne paient pas de droits non
plus (1), il est évident que ces matières premières
coûteront, à Haïti, autant que dans les pays
d'où on les tirera, les frais de transport en sus.
— Pourquoi donc, dans cette situation, les
objets fabriqués à Haïti ne devront-ils pas trouver encore des acheteurs ? Pourquoi donc, dans ce
système, le tailleur, le cordonnier haïtiens ne
vendront-ils pas leurs produits ? Pourront-ils,
le tailleur et le cordonnier, demander plus cher
pour leurs produits que l'on demandera pour les
produits similaires étrangers. — Non ! Puisque
les matières premières ainsi que les produits
façonnés à l'étranger devront coûter, dans le
pays, ce qu'ils coûteront à l'étranger, plus (ce qui
est juste), les frais de transport, je vois les frais
de transport des matières premières et des produits façonnés à l'étranger s'équilibrer.

---

(1) L'on verra, pour les détails, notre chapitre *Douanes*,
de notre livre « Application du nouveau, etc. »

— Maintenant, ajoutez-vous, il n'y aura pas d'équilibre entre le salaire des ouvriers étrangers qui auraient façonné ces produits importés et le salaire des ouvriers haïtiens. — Pourquoi n'y aura-t-il pas d'équilibre ? C'est le contraire qui doit être vrai, car, par notre système, le salaire de l'ouvrier, le salaire réel se trouvera bien moins élevé dans les pays étrangers d'où sortiront ces produits que chez nous.

Le salaire réel : car, si l'ouvrier des pays étrangers gagne 100 francs et que l'ouvrier haïtien gagne 100 francs aussi chez lui, l'ouvrier haïtien aura (n'oubliez pas qu'il n'y a plus de droits sur les objets de nécessité première), plus de salaire réel que l'ouvrier étranger. Ce dernier a plus de nécessités à se procurer, puisqu'il est admis que les nécessités sont bien plus nombreuses dans les pays les plus avancés que dans les pays les moins avancés en civilisation.

— Mais, ajoute-t-on encore, les perfections de l'industrie étrangère lui permettront d'abaisser son prix et, par là, d'écraser tout-à-fait l'industrie similaire nationale.

A cela, je réponds ; Qui prouve trop ne prouve rien du tout. Sans doute un cordonnier étranger qui travaille avec des machines, est bien plus à même de réclamer moins pour son travail, que tel autre qui travaille à la main ; mais est-ce une raison de protéger la classe des cordonniers travaillant à la main aux dépens de tous les consommateurs de chaussures? Non ! car, dans ce cas, le gouvernement ne chercherait pas à faire profiter à la masse de ses administrés, les avantages de la civilisation. Non ! car le gouvernement, en agissant ainsi interpréterait mal les aspirations du peuple, aspirations qu'il doit suivre avec beaucoup d'orgueil.

Il ne faut jamais perdre de vue que l'introduction dans un pays, de marchandises étrangères qui ont été fabriquées par des procédés parfaits, ingénieux, ressemble en tous points à l'introduction dans ce pays, des machines ingénieuses et parfaites qui ont servi à fabriquer ces produits à l'étranger. Il ne faut jamais non plus oublier, que, si la première de ces introductions tend à diminuer le prix des marchandises similaires du pays, la seconde introduction tend aussi à diminuer le prix des produits du pays qui seront dorénavant fabriqués par ces machines. Or, je le demande, quel est l'haïtien, qui, malgré toutes les idées de protection qu'il peut avoir, ne considérerait pas comme une marque de progrès et d'avancement pour notre pays, l'établissement à Port-au-Prince, d'une cordonnerie, conduite par des ouvriers haïtiens ou étrangers, possédant toutes les machines de simplification et de finesse que possède, en ce moment, une cordonnerie de Paris ? Quel est l'haïtien, qui, pour favoriser tel méchant cordonnier travaillant, depuis longtemps, à la main, souhaiterait que l'on s'opposât à l'établissement de cette cordonnerie, ou entravât son extension, en portant chaque consommateur de chaussures à payer une redevance de 10, de 15 francs par achat au cordonnier, ce qui l'encouragerait toujours dans la routine ?

Eh bien ! ce qu'aucun haïtien bien pensant n'aurait désiré, le système financier actuel de la République l'admet. Il admet, ce système, que tous les consommateurs, non-seulement de chaussures, non-seulement de redingotes, mais que tous les consommateurs de produits façonnés à l'étranger dont les similaires se trouvent à Haïti, paient une redevance à certains producteurs du pays.

Et puis, même daus le cas où l'industrie étrangère ferait une grande concurrence à l'industrie nationale, celle-ci agirait encore et ne disparaîtrait pas du tout : *pour les goûts et les couleurs on ne saurait dire* a priori *la préférence de tel ou tel homme.*

Ainsi, quand les douanes seront abolies, on ne pourra pas dire que le tailleur haïtien ne fera plus de vêtements : il y aura toujours tel ou tel individu qui aimera bien mieux prendre le produit façonné à Haïti que le produit similaire étranger.

Même quand le cigare de la Havane et le tabac caporal se vendront moins cher à Haïti, le cigare américain et la bonne andouille de Hinche se vendront encore. Même quand le riz anglais se vendra à vil prix, le riz de l'Artibonite et le riz de Plaisance se vendront encore. Et, puisque j'ai dit que l'introduction des marchandises dans un pays, fait la même chose que l'introduction des machines qui ont servi à les fabriquer, — j'ajoute que, depuis que M. Gustave Lacroix a établi aux Gonaïves une forge possédant des machines de certaine finesse et de certaine perfection, les autres forgerons des Gonaïves trouvent encore du travail. Il y a seulement, par la concurrence des machines de M. G. Lacroix, moins de profits pour MM. les *forgerons* et, par conséquent, moins de pertes d'argent pour les consommateurs *qui forment toujours la masse.*

Je passe maintenant à la seconde hypothèse. Je passe à l'hypothèse où les consommateurs qui sont à Haïti, font par la disparition des droits de douanes sur les produits étrangers dont les similaires se trouvent à Haïti, une certaine économie de 1,000, de 2,000, de 5,000 francs, et emploient cette économie à se procurer des objets d'une espèce autre que les premiers objets. Dans cette hypothèse, je vois encore un avantage pour les consommateurs, car, avec la même somme de 1,000, de 2,000, de 5,000 fr. qu'ils employaient autrefois pour n'avoir qu'un certain nombre de produits, ils ont toujours ce même nombre de produits, plus des produits d'une autre espèce. Ces derniers produits peuvent être ou des produits livrés et par l'industrie haïtienne et par l'industrie étrangère, ou des produits qui se fabriquent dans le pays seulement.

Dans le premier cas, on doit s'attendre à toutes les conséquences que je viens de passer en revue. Mais dans le second cas, on verra s'augmenter indubitablement les ressources ou le nombre des producteurs nationaux de ces derniers objets. Ainsi, cette somme de 1,000, de 2,000, de 5,000 francs fera bien l'affaire de MM. les charpentiers, de MM. les maçons, de MM. les menuisiers, de MM. les..... que sais-je encore ?

Le travail sera peut-être déplacé, mais il y a une grande différence entre déplacement de travail et absence de travail dans un pays. On ne peut pas donc dire que, dans cette seconde hypothèse, les industriels nationaux seront dans la misère.

Il reste maintenant l'hypothèse où les consommateurs emploient les économies réalisées par eux à la reproduction de certaines valeurs. Personne ne peut affirmer que les producteurs nationaux souffriront de cette reproduction de valeurs. Ceux d'entre eux qui verront leurs clients passer du côté de l'industrie étrangère et qui seront, peut-être, (je dis: peut-être) forcés de plier bagage, ne resteront pas longtemps les bras croisés. Ces trois, quatre, dix, vingt, etc., qui plieront bagages, se trouveront en présence des économies employées à la reproduction, laquelle reproduction exigera leurs bras. Dans ce cas, on doit le remarquer encore, il n'y aura que déplacement des bras de l'industrie haïtienne.

— Si ces droits existent par le sentiment de la nationalité, les législateurs d'Haïti devraient avoir un peu plus de logique dans leur système.

—Puisqui'ls veulent, qu'ils tolèrent que toutes les classes de la société haïtienne paient un impôt *à certains* qu'ils appellent producteurs nationaux, sous prétexte d'encouragement, ils devraient admettre que cet impôt fut payé à tous les producteurs nationaux, pas seulement à une partie d'entr'eux.

Ainsi, la classe des médecins, celle des professeurs, classes de producteurs nationaux aussi dignes d'intérêt que celle des tailleurs, que celle des cordonniers, devraient avoir aussi une redevance à leur profit. Et cette redevance serait aux dépens de toutes les autres classes de la société. Et les médecins et les professeurs étrangers ne gêneraient pas nos médecins, etc., par leur concurrence.

Par exemple, tel agrégé d'histoire, reçu en France, ne devrait pas pouvoir être nommé professeur au Lycée national, parce qu'il y a déjà, à

Haïti, un certain monsieur, qui sait un peu d'histoire et qui pourra débiter ce peu d'histoire aux jeunes lycéens. L'honorable M. Fernandez, malgré ses connaissances en mathématiques, ne devrait pas pouvoir être nommé professeur au Lycée national, parce qu'il y a tel Haïtien qui possède, quoique pas aussi bien que lui, les sciences mathématiques. Et il ne faut pas, devraient se dire aussi nos législateurs, qu'un agrégé français et qu'un savant cubain reçoivent pour leur travail, une rétribution de 500 francs par mois, tandis que des haïtiens ne sont pas employés par le Gouvernement.

Dans ce cas, sans doute, on aurait protégé deux nationaux, mais il est évident que les élèves du Lycée national n'auraient pas les mêmes connaissances en histoire et en mathématiques. Et comme ces connaissances augmentent le capital intellectuel de la nation, capital déjà si restreint, l'impôt serait sur les connaissances de la nation.

Par exemple encore, tels médecins étrangers, plus capables que les médecins haïtiens, ne devraient pas pouvoir exercer à Haïti, sans payer une forte licence à l'Etat. Et cette licence, en définitive, retomberait sur les malades, qui auraient besoin de la science de ces médecins étrangers, en un impôt, ayant le double caractère d'être payé en argent et en maladies.

Mais, laissons donc de côté tous ces exemples

qui prouvent assez déjà que le sentiment de la nationalité, tout nu, peut conduire à de fausses conséquences, et mettons vite sous les yeux des protectionnistes haïtiens, les paroles d'un des orateurs de la ligue anglaise, paroles qui n'ont pas besoin d'être commentées : « Être indépendant de l'étranger, c'est le thème favori de l'aristocratie. Mais qu'est-il donc ce grand seigneur, cet avocat de l'indépendance nationale, cet ennemi de toute dépendance étrangère ? Examinons sa vie. Voilà un cuisinier *français* qui prépare le dîner pour le maître. Milady qui accepte sa main, est toute resplendissante de perles qu'on ne trouva jamais dans les huîtres *britanniques*, et la plume qui flotte sur sa tête ne fit jamais partie de la queue d'un dindon *anglais*. Les viandes de sa table viennent de la *Belgique*, ses vins *du Rhin* ou *du Rhône*. Il repose sa vue sur des fleurs venues de l'*Amérique du Sud*, et il gratifie son odorat de la fumée d'une feuille venue de l'*Amérique du Nord*. Son cheval favori est d'origine *arabe* et son chien de la race de *Saint-Bernard*. Sa galerie est riche de tableaux *flamands* et de statues *grecques*. Veut-il se distraire ? il va entendre des chanteurs *Italiens*, vociférant de la musique *allemande*, le tout suivi d'un ballet *français*. S'élève-t-il aux honneurs judiciaires ? l'hermine qui décore ses épaules n'avait jamais figuré jusque-là sur le dos d'une bête *britan-*

*nique.* Son esprit même est une bigarrure de contribution exotique. Sa philosophie et sa poésie viennent de la *Grèce* et de *Rome*, sa géométrie d'*Alexandrie*, son arithmétique d'*Arabie*, et sa religion de *Palestine.* Dès son berceau, il pressa ses dents naissantes sur du corail de l'*Océan indien ;* et lorsqu'il mourra, le marbre de *Carrare* surmontera sa tombe..... Et voilà l'homme qui dit : *Soyons indépendants de l'étranger.* »

J'ai dit mon dernier mot sur la protection que le système financier d'Haïti accorde aux industriels nationaux, et je le répète, une fois pour toutes : il faut la suppression des droits de protection sur les produits étrangers dont les similaires se trouvent à Haïti.

Il est temps que les législateurs d'Haïti comprennent que ce système de protection qu'ils maintiennent, est un trompe-l'œil, et qu'au lieu de profiter au travail national sainement entendu, il ne fait que l'empêcher de s'agrandir, de se développer.

— Trompe-l'œil : car, à cause de ce système de protection, le protégé, lui-même, arrive à avoir moins de salaire, de *salaire réel*, puisqu'il paie plus cher, les articles de consommation. — Le tailleur, protégé par les droits de douanes sur les redingotes et les pantalons, a moins de *salaire réel*, puisqu'il paie plus cher ses chaussures ; de même le cordonnier, protégé par les droits de douanes sur les chaussures étrangères, a moins de *salaire réel*, puisqu'il paie plus cher les redingotes et les pantalons.

— Trompe-l'œil encore : — car le consommateur, payant plus cher toutes choses par l'élévation des droits de douanes, se procure peu de choses ou se passe de beaucoup de choses, — par conséquent, moins de travail, ou moins de profits pour *les producteurs nationaux* qu'on voulait protéger.

— Trompe-l'œil encore : — car le producteur national, qu'on voulait protéger, trouvant moins de profits, moins de travail, est forcé de diminuer le prix de ses services.

Que les légistateurs d'Haïti abolissent tous les droits protecteurs, et disent à ceux-là qui pourraient leur demander compte de l'abolition de ces droits : « Les droits mis sur les épaules de tout le monde, ne favorisent pas les industries nationales, et c'est absurde de maintenir ces droits. Il faut leur abolition, puisqu'ils entravent l'échange qui est de droit naturel, puisqu'une fois qu'ils seront abolis, tout le monde en sera plus aisé. » Et chaque personne devient aussi plus aisée, quand tout le monde devient plus aisé.

# CHAPITRE VI.

## LES DROITS FISCAUX ACTUELS , etc.

Les droits établis sur les produits étrangers dont les similaires ne sont pas à Haïti, ne trouvent leur raison d'être que dans l'idée d'un intérêt purement fiscal, et, comme tous les droits relevant de cette idée, ces droits ne doivent pas être élevés : autrement, ils gênent le consommateur dans la satisfaction de ses besoins.

Cependant, dans plusieurs pays, ces droits, comme les premiers, ont pris des proportions si effrayantes, que l'on ne doit pas hésiter à dire qu'ils entravent l'échange et les transactions.

En France même, les droits de douanes sur les produits de la catégorie de ceux dont nous parlons, sont parfois si énormes, qu'on a peine à croire qu'ils n'ont pas été mis dans le but de paralyser le commerce, de diminuer les transactions internationales.

Par exemple, le café paie, en fèves des pays hors d'Europe, cent cinquante francs (*frs.* 150) les *cent* kilos (100); le cacao, fèves et pellicules, *cent* francs les cent kilos (100). Et, pour comble de la mesure, le *ginseng* venu par navire français, paie cent quatre-vingt-quatre francs (*frs.* 184), par navire étranger, cent quatre-vingt-quinze francs cinquante centimes (*frs.* 195, 50). Je dis pour comble de la mesure, car le *ginseng* est une racine cultivée seulement par les Chinois. Ils en font un grand usage, comme médicament, mais ils n'en envoient que très-peu en France.

Ainsi, en France même, dis-je, les ressources fiscales sont parfois mal comprises et donnent lieu à des abus qui leur font perdre tout le bon côté qu'elles doivent avoir.

Ces droits de douanes sont importants pour le fisc; mais prélevés comme ils le sont maintenant à Haïti, il est plusieurs points qui portent tout esprit judicieux à repousser ces droits, à ne pas les admettre.

D'abord, ces droits retombent — j'allais dire toujours — sur le consommateur. C'est un impôt que l'État perçoit sur le consommateur, quand il prélève, comme cela se fait maintenant, à Haïti et dans presque tous les pays de l'Europe, des droits arbitraires sur les produits étrangers qui traversent ses frontières.

Et cet impôt n'a pas, dans sa détermination, cette proportionnalité de tout impôt : il frappe les contribuables d'une manière fort inégale.

Supposons trois Haïtiens, ayant, le premier, *mille* piastres, le second, *cinq cents*, le troisième, *cent* piastres de revenu . D'après le principe qui veut que l'impôt ne se prélève sur les membres de la société que proportionnellement à la fortune de chaque membre (1), si le premier paie cinquante piastres d'impôt, le second ne devrait payer que vingt-cinq piastres, et le troisième, cinq piastres.

Mais l'impôt sur les objets qui passent à la douane, tombe également sur tous les objets de même espèce. Et c'est pour cette raison qu'il est prélevé inégalement sur tous les membres de la société, qu'il n'est pas en proportion avec la fortune des membres de la société qui se procurent ces objets.

Quand l'État fait payer dans les douanes *cinq* piastres de droits pour *dix* aunes d'indienne, cet impôt de cinq piastres peut enlever, à tel consommateur, *cinquante* pour cent, à tel autre consommateur, *cinq* pour cent de son revenu. Et c'est injuste, car l'impôt, comme je le montrerai plus loin, doit être également réparti sur tous les membres du pays !

Mais, objecte-t-on, si l'impôt est *élevé* sur l'indienne, il est plus élevé sur la soie, et peu élevé sur la colette ; par conséquent, tel individu de *mille* piastres de revenu, achetant la soie ; tel autre individu de *cinq cents* piastres de revenu, achetant l'indienne ; tel autre de *cent* piastres de revenu, achetant la colette, l'impôt

---

(1) Voyez le chapitre X.

ne retombe, en définitive, sur le consommateur
que proportionnellement à sa fortune, car, on
ne consomme qu'eu égard à ses moyens, à son
revenu.

— Sans doute, plus une personne est riche,
plus elle peut acheter les produits étrangers,
tels que la soie, la laine, etc., produits sur lesquels il y a des droits plus élevés que les droits
de la colette, du ginga, etc. Mais, est-ce logique
de tirer de ce fait, qui n'est que possible, la con-
séquence « que l'impôt perçu dans les douanes
retombe sur le consommateur proportionnellement à sa fortune? » — Non! il faudrait d'abord
prouver cette assertion, très-fausse, que le
consommateur n'achète qu'eu égard à ses
moyens, à son revenu. Assertion fausse; car tel
homme de dix mille piastres de revenu, n'en
dépense que *mille*, tandis que tel autre de
dix mille piastres, en dépense cinq mille, ou
plus. Supposons qu'un homms de dix mille
piastres soit seul, je m'explique parfaitement
qu'il dépense moins que tel autre de cinq mille
piastres de revenu, chargé d'enfants, pour lesquels les frais d'entretien doivent compter. Supposons encore que celui qui a dix mille piastres
de revenu, soit moins porté que le second de
cinq *mille* piastres à faire des dépenses, on sent
que dans ce cas, les dépenses ne peuvent pas
être en proportion du revenu de nos deux individus...

L'impôt perçu par l'État sur les objets de consommation ne frappant pas les contribuables proportionnellement à leur fortune, est, par conséquent, contraire aux premiers principes économiques.

Le second point que je dois examiner est, tout comme le premier, contraire à un principe économique, au principe qui veut que l'impôt doit donner la plus grande somme possible de revenus à l'État avec la moindre charge possible (1).

Quand deux systèmes d'impôt sont en présence, le gouvernement doit donner la préférence à celui des deux systèmes qui, toutes choses égales d'ailleurs, nécessite moins de frais pour la perception de l'impôt.

Les frais de perception d'un impôt retombent en impôt encore sur le pays, et quand on diminue les frais de perception d'un impôt, on diminue, par là même, d'autant cet impôt.

Qu'importe que les gouvernements croient que plus ils ont d'employés plus ils sont forts ! L'économie politique n'est pas là pour apprendre aux hommes qui dirigent les États, si leur force doit résider dans une armée d'employés, ou ailleurs, mais bien pour leur dire ce qu'il faut pour développer les forces productrices, les richesses de la nation à la tête de laquelle ils se trouvent.

---

(1) Voy. encore notre chap. X.

Ces idées étant admises, voyons bien notre second point.

Puisque, ai-je dit, tous les droits à l'exportation doivent être abolis, parce qu'ils entravent l'industrie agricole et, par conséquent, toutes les industries du pays ; puisque je demande aussi l'abolition des droits sur les produits étrangers dont les similaires se trouvent à Haïti, parce que ces droits sont contraires à tout sentiment de justice, de liberté, d'égalité, les douanes ne serviront, principalement, qu'à percevoir des revenus sur une seule catégorie d'objets, sur ceux dont les similaires ne se trouvent pas à Haïti. Et comme les revenus des produits de cette dernière catégorie ne sont pas très-élevés, on ne pourra pas, pour ces droits, qui seront alors d'une importance excessivement restreinte, maintenir sur pied chez nous, toute une armée de douaniers, armée qui coûte énormément à l'État, d'abord par son entretien, ensuite par...

Non, on ne peut pas maintenir des douanes à Haïti sur le pied actuel, dans le but principal de percevoir des droits sur les produits étrangers dont les similaires ne se trouvent pas fabriqués dans le pays : car ce serait faire beaucoup de frais pour percevoir peu d'impôts.

# CHAPITRE VII.

## LES INTERMÉDIAIRES OBLIGÉS, etc.

> « L'impôt n'est dû qu'à l'Etat. »
> F. BASTIAT.

Quand les droits de douanes seront supprimés tant à l'exportation qu'à l'importation, pourra-t-on dire que les producteurs, les producteurs agricoles, car, jusqu'ici, il n'y a chez nous que cette seule classe de producteurs qui exportent, — pourra-t-on dire que ces producteurs et les consommateurs ne paient plus d'impôts ? Pourra-t-on dire : les douanes percevaient seules les impôts sur les produits nationaux et étrangers, et les douanes n'existant plus, ces produits ne paient plus d'impôts ?

Ceux qui seraient tentés de tenir un tel langage, de faire un tel raisonnement, ignorent peut-être les détails du système financier actuel de la République.

Ils ignorent que, d'après ce système, le gouvernement ne se contente pas de prendre d'énormes droits sur les produits étrangers et nationaux, mais qu'il laisse encore percevoir des droits sur ces produits par des particuliers.

Ah ! qu'est-elle donc devenue cette maxime qui dit : « L'impôt n'est dû qu'à l'État, » maxime qui doit servir de guide aux administrateurs de tous les pays.

Entrons vite dans les détails :

Le droit de chaque producteur est d'échanger son produit avec n'importe qui, afin d'obtenir pour ce produit, *le plus haut prix possible* : Et, réciproquement, le droit de chaque consommateur est d'échanger son produit avec n'importe qui, afin de donner pour le produit qu'il veut avoir, *le plus bas prix possible.*

Cela posé, toutes les fois qu'un gouvernement établit des intermédiaires, soit entre le producteur et le consommateur, soit entre le consommateur et le producteur, ce gouvernement, dans le premier cas, porte ce producteur à ne pas vendre son produit au plus haut prix possible, et, dans le second cas, il porte le consommateur à ne pas se procurer les utilités dont il a besoin, au plus bas prix possible. — Dans les deux cas, violation du droit naturel et, j'ajoute, puisque c'est au nom de la science économique que je parle, fausse application des principes qui peuvent porter les richesses des nations à leur développement le plus complet.

Mais, peut-on se demander, où donc le gouvernement a-t-il établi des intermédiaires dont la seule présence constitue une violation du droit naturel et une erreur des principes économiques? — Partout, partout, partout.

Fermons les yeux, prenons au hasard un Haïtien, demandons-lui sa profession : — « Je suis spéculateur en denrées, nous répond celui-là. » — Eh bien ! M. le spéculateur en denrées, je déclare que votre présence viole le droit du producteur des denrées et entrave le travail national.

En effet, qu'est-ce que le spéculateur en denrées? — Le spéculateur en denrées est tout individu à qui, moyennant une patente, le gouvernement accorde le privilége de se poser entre le producteur de denrées et le négociant qui est, lui-même, destiné à les livrer à l'étranger.

Or, ce privilégié, auquel le producteur de denrées est *toujours obligé de vendre ses produits*, ne sentez-vous pas que c'est un impôt qu'il perçoit sur les producteurs de denrées. Car, si ce spéculateur en denrées n'était pas autorisé par le gouvernement, à servir d'intermédiaire entre le producteur de denrées et le consignataire, ce premier aurait pu, s'il le voulait, vendre à ce dernier ses denrées, et obtenir, ainsi, le bénéfice que le spéculateur en denrées est autorisé, de par le gouvernement, à obtenir. Ce bénéfice est un impôt que le spéculateur en denrées perçoit sur le producteur de denrées. Quelques personnes peuvent être effrayées de ce mot impôt, mais l'expression, si forte qu'elle paraisse être, est juste.

On aura beau dire que le spéculateur en denrées travaille, qu'il se donne des peines pour peser le café et le coton achetés et les revendre au consignataire, on aura beau dire qu'il rend un service aux producteurs de denrées et que, par conséquent, il ne vit pas aux dépens de la production, que je maintiens toujours mon expression. Et je la répète même : « Le système financier d'Haïti accorde aux spéculateurs en denrées le privilége de percevoir un impôt sur les producteurs de denrées. » Et, à ceux qui persisteraient à dire que le spéculateur en denrées se donne des peines et qu'il doit recevoir une juste rémunération de ses peines, je dirai que les peines du spéculateur en denrées ne sont pas nécessaires. Elles sont créées par le gouvernement.

Il est si facile de laisser les choses aller de leur train, il est si facile de dire au producteur de denrées : « Puisque tu as bêché ta terre à toi, que tu as préparé ta terre à toi, que tu as ensemencé ta terre à toi, de grains à toi, que tu as soigné les produits de ta terre à toi, en un mot, puisque tu as travaillé, je te reconnais *la propriété du produit* de ton travail, c'est-à-dire, je te reconnais *le droit de disposer des fruits de ton travail de la manière qui t'est la plus avantageuse.* »

Alors le producteur de denrées serait réellement propriétaire de ses denrées, et il les aurait vendues à..... à qui? — Est-ce au spéculateur? — Non? car ce dernier perçoit un pourcentage sur lui. — Il les aurait vendues à qui donc? — Au négociant-consignataire? — Non! car ce négociant-consignataire, intermédiaire obligé, lui aussi, perçoit, comme le spéculateur, un impôt sur le producteur de denrées. — *Le producteur aurait vendu ses denrées à..... à celui qui sur le marché général du monde, lui aurait donné le plus haut prix possible.*

Alors le spéculateur en denrées et le consignataire n'auraient pas reçu les redevances du producteur de denrées. Et le montant de ces redevances serait resté entre les mains du producteur de denrées, qui en aurait disposé librement, comme tout propriétaire doit le faire. Mais remarquons que l'agriculture aurait profité de ce surcroît de capitaux, qui lui seraient à si bon droit retournés.

Voilà pour les intermédiaires obligés entre le producteur national et le consommateur de denrées ; passons, maintenant, aux intermédiaires obligés entre le consommateur national et le producteur étranger.

Les intermédiaires entre le consommateur national et le producteur étranger, sont tout aussi nuisibles au développement du travail que les intermédiaires dont je viens de parler. Ceux-ci sucent le sang le plus pur des producteurs de denrées ; ceux-là, le sang le plus pur des consommateurs nationaux.

Les reconnaissez-vous à ce signalement ?..... Ah ! vous êtes bien bons ! — Retirons-leur vite le masque. Vous les voyez bien maintenant à découvert ces marchands en détail, ces marchands en demi-gros, et en gros, ces consignataires. — Que font-ils ? — Voyons un peu comment ils gagnent leur vie :

Le consignataire reçoit les marchandises de l'étranger : mais d'après la loi, il ne peut vendre que jusqu'à une somme assez élevée. Sous Boyer, cette somme n'était pas moins de *cent gourdes* (500 fr.), je crois.

Cette détermination d'une somme assez élevée, au-dessous de laquelle le consignataire ne peut jamais vendre, empêche tous les consommateurs de se procurer de lui, si avantageux que cela leur pourrait être, les objets qui leur sont utiles. De là donc, la nécessité de créer une classe d'intermédiaires ayant le privilége de vendre à une somme moindre que le consignataire, c'est-à-dire de vendre moins d'objets de même espèce à la fois que le consignataire : cette classe d'intermédiaires est celle des marchands en gros. Puis, il y a la classe des marchands en demi-gros, et, enfin, la classe des marchands détaillants qui livre au consommateur tous les objets dont il peut avoir besoin. Cette classe vend au consommateur une paire de chaussures, un chapeau, une brique de savon, 3, 4 aunes d'indienne — toute chose que le marchand en demi-gros, le marchand en gros, le consignataire ne peuvent lui vendre.

Mais le détaillant, qui achète du marchand en demi-gros pour revendre au consommateur, doit spéculer sur la vente qu'il fait au dernier. Le marchand en demi-gros, qui achète du marchand en gros pour vendre au détaillant, doit spéculer aussi sur la vente faite à ce dernier. Le marchand en gros, qui achète du consignataire pour revendre au marchand en demi gros, spécule sur ce dernier. Enfin, le consignataire, qui achète du manufacturier, du fabricant, du préparateur étranger, spécule aussi sur le marchand en gros.

Récapitulons, maintenant, le nombre des spéculations... disons quatre. Oui, quatre, quatre spéculations sur le dos du pauvre consommateur, car, c'est lui qui les supporte toutes, en définitive. Et, pourvu que la marchandise livrée soit de celles dont les similaires se trouvent à Haïti, — le pauvre consommateur paie encore une redevance au producteur national.

Pauvre consommateur, c'est toi qui nourris toujours le marchand en demi-gros, le marchand en gros, le consignataire et l'industriel national !

Pourquoi donc, pauvre consommateur, la justice t'est-elle refusée ? — Pourquoi le grand principe de l'égalité devant la loi est-il violé à ton égard, pauvre consommateur ? — Pourquoi te fait-on payer des redevances à cinq classes de la société ?

Oui ! il est temps que toutes ces iniquités ne se commettent plus, il est temps qu'on abolisse toutes ces lois qui n'ont pas leur raison d'être, *puisqu'elles ne dérivent pas de la nature des choses.* Supprimez donc toutes ces patentes des privilégiés : car toutes pèsent, en définitive, ou sur le producteur de denrées, ou sur le pauvre consommateur. Supprimez donc toutes ces patentes, et, au lieu de voir des classes parasites, comme celles que je viens de citer, vous ne verrez dans le pays qu'une seule classe d'hommes, s'adonnant au travail avec l'activité, l'énergie qui produisent des merveilles, quand elles sont stimulées par la concurrence.

Mais revenons un peu au rapport du *Moniteur* du mois de septembre, rapport qui m'a suggéré ce travail :

Quelques ouvriers du Port-au-Prince, gênés par la grande misère qui sévit sur le pays, avaient, au commencement de l'année 1878, je crois, prié le pouvoir exécutif de prescrire des mesures *pour créer diverses industries en Haïti, pour reconquérir au travail nationa son domaine légitime et pour redonner à la prospérité publique ses éléments essentiels.*

Une commission fut nommée, par le pouvoir exécutif et le pouvoir législatif, pour s'occuper de la pétition des ouvriers du Port-au-Prince. Cette commission fit un rapport, dans lequel je mentionne cette phrase : « Trop considérable est cette portion de nos populations qui, servant d'intermédiaire entre l'agriculteur producteur et le commerçant importateur, vit au détriment de tous deux. »

Une commission avait été nommée par le Sénat aussi, pour s'occuper de la question. Le rapporteur de la commission du Sénat, pour répondre à l'assertion de la première commission, dit lui-même :

« Si le service économique qu'ils (les intermédiaires obligés) rendent, est simplifié et plus tard supprimé par la loi du progrès, tant mieux. Toutes les fois que leur intervention est réclamée sous l'empire de la liberté des transactions, on n'est pas fondé à dire qu'ils vivent aux dépens de la production. »

Et plus loin, le rapporteur ajoute : « Mais comment en supprimer une partie pour en être déversée dans les campagnes aux fins d'offrir à ceux qui resteront dans leurs foyers pour former la population des villes, le travail de l'industrie, travail dont il convient de susciter la création. »

Et plus loin encore : « A quels signes et à

quelle échelle de peines ou de récompenses assigner à celui-ci, sa tâche agricole, à celui-là sa besogne industrielle, etc. »

La conclusion du premier rapport, qui demande qu'on protége l'industrie nationale par des tarifs protecteurs, est curieuse. Le rapporteur fait observer « qu'il y a une trop grande portion de nos populations qui vit aux dépens du consommateur », mais il veut ajouter, — pour retirer le consommateur de la gêne, — à cette trop grande portion, une partie de parasites, les protégés nationaux. — Le rapporteur du Sénat a bien compris la contradiction qu'il y a entre l'observation et la demande de la première commission. Aussi s'est-il écrié : « Est-ce que les seuls individus, mis à contribution, seraient MM. les avocats, médecins, instituteurs, fonctionnaires publics, enfin les vendeurs de services plutôt que de produits, les producteurs d'utilités immatérielles. »

Mais, que dire, maintenant, de la partie du second rapport répliquant à l'assertion dont j'ai parlé plus haut ? — Comment se fait-il que le rapporteur du Sénat n'a pas remarqué que les intermédiaires obligés vivent aux dépens de la production et de la consommation ? — Pourquoi a-t-il parlé de la liberté des transactions ?

Cette liberté existe-t-elle réellement ?

Le producteur de denrées est-il tenu, de par la loi, à vendre son café au spéculateur en den-

rées, même quand il sait qu'une autre personne
pourrait le lui acheter plus cher?

Le consommateur est-il tenu, de par la loi, à
acheter une brique de savon du marchand en
détail, même quand il sait qu'un autre la lui
vendrait à meilleur marché?

Dans ces cas, je ne vois pas la liberté des
transactions. Dans ces deux cas, l'intervention
des intermédiaires n'est justifiée par aucun principe.

Non! quand le consommateur est obligé d'a-
cheter du marchand en détail, quand le producteur de denrées est obligé de vendre au spéculateur en denrées, je ne vois pas la liberté des
transactions.

Quand le producteur aura le droit de vendre
ses produits à qui il veut, quand le consommateur pourra se procurer ses utilités de qui il
veut, alors, mais alors seulement, il y aura la
liberté des transactions.

Je dis encore un mot du second rapport:

Le rapporteur du Sénat demande comment
l'on pourra arriver « à supprimer une partie
des intermédiaires pour en être déversée dans
les campagnes. » Il demande « les signes et l'é-
chelle de peines ou de récompenses qui permettront d'assigner, à celui-ci, sa tâche agricole, à
celui-là, sa besogne industrielle. »

Ne peut-on pas demander au rapporteur du
Sénat : « A supposer que le gouvernement puisse

supprimer une partie des intermédiaires qui, d'après vous, ne vivent pas aux dépens de la production, le gouvernement pourrait-il avoir le droit d'assigner, à celui-ci, sa tâche agricole, à celui-là, sa besogne industrielle. »

Je dis qu'il y a un moyen bien simple de voir le nombre de ces intermédiaires se diminuer, et de voir une partie d'entr'eux se déverser dans les campagnes. Ce moyen, c'est la liberté des transactions (1).

En 1807, le Sénat, pour réformer certains abus, introduits dans notre système financier par Dessalines, fit la loi du 23 avril. Cette loi est précédée *d'un rapport* qui contient, « par ci, par là », des idées économiques fort justes; et elles sont si utiles contre les abus que je combats en ce moment, que je me fais le devoir de commenter ce rapport :

Rapport fait au Sénat de la République, dans sa séance du 4 avril 1807, par Louis-Auguste Daumec, l'un de ses membres.

« Citoyens, Sénateurs,

« Les efforts que fait chaque jour votre comité des Finances pour établir une marche régulière dans tous les départements du service pu-

---

(1) Au commencement de mai, le 1er volume du livre de M. Linstant m'a été communiqué. Et j'ai changé un peu ce chapitre par le commentaire du rapport Daumec. J'ai aussi ajouté, à la suite de ce commentaire, quelques mots sur les opinions émises dans certains journaux.

blic, doivent être un sujet d'admiration, et un motif d'encouragement pour tous ceux qui sont témoins de son aptitude. Ses membres méritent vos hommages.

« Tandis que la commission des Finances travaille à régulariser cette partie essentielle de nos ressources, permettez-moi, Sénateurs, de déposer une pierre au pied de l'édifice que vous élevez, qui pourra peut être y trouver sa place : passant par vos mains, elle acquierra, sans doute, ce degré de proportion que vous savez si bien saisir dans l'ensemble de votre ouvrage.

« Placés à la tête de l'administration générale dans un moment d'anarchie, je sens que la carrière que vous avez à parcourir offre bien des difficultés. Un peuple longtemps trompé par ses gouvernements ne croit au bonheur qu'on lui promet que lorsqu'il le touche, la défiance chez lui est toujours en sentinelle ; c'est une amante trahie qui rejette avec une défiance jalouse les protestations de celui qui voudrait lui faire oublier la rigueur de l'ingrat qui fait couler ses larmes.

« Haïti, qui est, depuis quinze années, l'objet de toutes les persécutions, sent encore palpiter son sein des coups qui lui ont été portés. C'est à nous qu'il appartiendra de guérir ses plaies ; mais, Sénateurs, vous travaillez sur un sol que la tourmente révolutionnaire a pour ainsi dire desséché. Que de travaux ne vous reste-t-il pas à faire pour lui procurer cette douce influence qui doit faire germer les institutions nouvelles ! Les irrégularités du gouvernement précédent vous laissent bien des vices à déraciner. Isolé du monde entier, sans exemple de vertu et de modération, le législateur se trouvera souvent arrêté dans ses méditations. Environné d'écueils et de vieux préjugés, il doit prendre le terme moyen afin de fixer toutes les incertitudes et faire coïncider tous les intérêts. Des considérations particulières ne doivent jamais arrêter le gouvernement dans sa marche ; la justice doit être la base de ses actions, et le bien-être général doit en être le but ; vous atteindrez ce but : les soins que vous portez à toutes les plaies faites à la patrie, laissent un présage heureux pour le peuple dont vous défendez les droits et les intérêts.

« Déjà j'entends le cultivateur allégé de l'énorme imposition du quart de subvention, bénir nos travaux (1). Le cáboteur, libre dans sa naviga-

---

(1) Avant la loi de 1807, le propriétaire de denrées devait donner aux cultivateurs un quart des revenus des habitations sur lesquelles ils avaient pris des arrangements pour travailler, et un autre quart à l'Etat pour imposition territoriale. Les directeurs des domaines se faisaient rendre compte de ce dernier quart tous les mois, par les préposés sous leurs ordres. La subvention du quart de l'Etat est abolie par la loi du 9 mars 1807 an IV, qui prélève un impôt territorial de dix gourdes par millier sur le café, et un impôt de quatre gourdes par millier sur le sucre, sirop ou mélasse. C'est à cette loi que M. Daumec fait allusion.

tion rivalise de joie avec ce dernier, pour célébrer à l'unisson le jour mémorable où les représentants du peuple ont brisé les entraves qui gênaient leurs opérations, ces classes laborieuses de la société, rendues à leur indépendance primitive, réclament aussi en faveur du commerce leur compagne inséparable ; l'agriculture, le commerce et le cabotage se tiennent par la main, l'abandon de l'un fait dépérir l'autre. Vous tournerez donc vos regards vers le commerce et vous le rendrez florissant par toutes sortes d'encouragement. La liberté a toujours été son domaine.

« Dessalines, qu'un malheureux hasard plaça à la tête du gouvernement de ce pays, y porta tout le dérèglement de son caractère : stupide et cruel, il introduisit dans les affaires ce système de défiance et de subvention qui porta le coup de mort aux populations, aux spéculations les mieux combinées, marchant de la sottise à la barbarie, de l'injustice à la spoliation, il rendit deux lois sur le commerce dont l'incohérence attestait visiblement l'ineptie du tyran. *La première établissait en principe le privilège exclusif, en fixant dans chaque place de commerce un nombre déterminé de négociants qui avaient seuls le droit de traiter ou de recevoir des cargaisons à leur consignation par tour de rôle ; et par conséquent l'affreux pouvoir de tenir les cultivateurs sous leur*

*dépendance en faisant baisser ou augmen-*
*ter nos denrées, au gré de leur caprice ou*
*de leur avarice.* Seuls sans concurrence, les
négociants patentés jouissaient de toute la mu-
nificence du gouvernement. L'argent leur tenait lieu de talent et de probité dans les affaires.
Ils gagnaient des sommes immenses sur des cargaisons qu'ils ne géraient jamais; et les étrangers mécontents se récriaient contre la rigueur
de la loi, sans être écoutés. Ceux qui voulaient
se plaindre étaient taxés de partialité, de mauvais indigènes, et pour imposer silence à la voix
de la justice, l'on vous accusait d'avoir fait passer vos fonds à l'étranger.

« Une autre loi, ouvrage de l'irréflexion, ne fut
pas moins funeste dans ses principes que viola-
trice dans ses effets : elle astreignait à l'étranger sa cargaison par tiers, c'est-à-dire partie
sucre, coton et café.

« Quels avantages le gouvernement a-t-il tiré
de ces deux lois? aucun, sinon le ridicule plaisir d'entraver le commerce et de livrer sans pi-
tié le commerçant à la rapacité de quelques *sy-*
*cophantes* qui ne voyaient la patrie que dans
un doublon.

« *Ces lois ont jeté le découragement dans*
*Haïti même, puisque les fermiers des habi-*
*tations à sucre ont éprouvé une stagnation*
*dans la vente de leurs denrées, sans être al-*
*légés dans le prix de leurs fermes, et le café*

*qui s'était toujours soutenu, a éprouvé une baisse qui lui était jusqu'alors inconnue, sans que pour cela le coton ait joui d'aucune faveur* (1).

« Pendant la fluctuation de ces lois bizarres, le commerce a-t-il acquis de l'extension ? Le négociant patenté était-il lui-même plus heureux ? Non, sans doute. Devenu tributaire des agents du tyran, il était chaque jour menacé d'être dé-

---

(1) M. Daumec entendait parler dans ce passage des curieuses dispositions résultant de la combinaison du décret relatif au cautionnement des bâtiments étrangers par des maisons haïtiennes, en date du 1er août 1808, « et du « décret relatif à la consignation des bâtiments étrangers. » Il résulte de ces actes que le capitaine étranger, à son arrivée dans un port de l'Ile, était tenu de faire cautionner son bâtiment par une maison de commerce haïtienne ou américaine, *expressément commissionnée ad hoc,* à laquelle il confiait le dépôt et la vente des marchandises par lui importées. Si le capitaine n'était pas consigné à l'une de ces maisons, ou avait fait lui-même la vente de sa cargaison, il subissait la peine de la confiscation, qui s'étendait tant sur les marchandises que sur le bâtiment. Chaque consignataire était saisi, à tour de rôle, et suivant l'ordre du numéro apposé sur sa patente, de la vente et responsabilité des bâtiments étrangers.— Ces priviléges exclusifs dont parle l'auteur, existent encore ; mais ils ont une autre forme : Les négociants consignataires, les spéculateurs en denrées, *intermédiaires obligés* entre le producteur de denrées et toute autre personne du marché général du monde, ont l'affreux pouvoir *de tenir les cultivateurs sous leur dépendance en faisant baisser ou augmenter les denrées au gré de leur caprice.* Et dire qu'en 1807, ces restrictions *au droit de propriété* pouvaient être justifiées par certains motifs politiques : le pays venait de se rendre indépendant, et l'on avait à craindre « *les étrangers brouillons qui étaient assez imprudents, pour s'immiscer dans les affaires du gouvernement* » : tandis qu'à présent ces dangers ne peuvent pas exister sérieusement, ou du moins on peut trouver pour ces dangers des remèdes autres, et bien plus énergiques que ces restrictions au droit de propriété du national.

possédé de sa patente, au moindre refus de satisfaire les demandes indiscrètes de ces tireurs de
lettre de change avec lesquels il n'avait aucune
liaison d'affaires : la pompe aspirante était pla-
cée à « Marchand » et desséchait à cinquante
lieues à la ronde, les caisses les mieux pourvues.
Le fruit de l'industrie des particuliers servait à
alimenter les dérèglements de la tourbe de Dessalines ; et le peuple malheureux gémissait en
secret sous les déprédations d'un gouvernement
dont les fondements étaient posés sur les débris
entassés des milliers de victimes qui ont péri
dans ces temps désastreux.

« Un tel ordre de choses devait nécessairement
entraîner la chute du tyran ; mais en expiant
ses forfaits, il nous laisse sans finances et sans
lois.

« *Un peuple si longtemps opprimé doit
trouver sa consolation et son espoir en ses
représentants* (1), la renaissance des principes

---

(1) On peut répéter la même chose aujourd'hui. Mais
les Représentants du peuple, que feront-ils ? — Penseront-
ils comme le rapporteur du Sénat de 1807 ? — Ou bien diront-
ils avec Condé : « Il faut que le peuple souffre ; car la souf-
france amène ou à la soumission ou à la révolte : la soumission, c'est une bonne chose ; mais la révolte est meilleure
car la révolte mitraillée et sabrée, c'est la soumission pendant
longtemps. »
Ils penseront tous, comme le sénateur de 1807, et ne s'ar-
rêteront pas aux idées extravagantes de Condé.
Et savez-vous pourquoi ? — C'est qu'ils sont tous, disent-
ils, ou libéraux ou nationaux.
Vous vous dites libéraux ? Je ne vous croirai que quand

raisonnables doit faire disparaître le Code du crime et de l'ignorance. *Il appartient aux représentants du peuple régénéré d'Haïti de détruire les funestes effets des lois anciennes par des dispositions plus heureuses, plus protectrices et plus conformes à la justice.* Le commerçant étranger, naguère avili, attend, avec le sentiment de l'impatience, les lois que vous allez décréter sur le commerce.

« *L'Agriculture veut que la liberté du commerce la mette à même de trouver le débouché de ses denrées avec avantage. Toutes les classes industrieuses de la société de-*

---

vous donnerez au peuple des gages incontestables de votre respect pour les libertés, quand vous permettrez au propriétaire de denrées de vendre ses produits à qui il veut sur le marché général du monde, c'est-à-dire de disposer de ses produits *librement*, c'est-à-dire encore quand vous ne ferez pas passer le propriétaire de denrées, homme libre, par les pressoirs avides des spéculateurs en denrées et consignataires, *intermédiaires obligés.* — Vous vous dites nationaux ! Eh bien ! je ne vous croirai que lorsque vous dégagerez la *production nationale*, c'est-à-dire la production agricole de toutes les entraves qui l'empêchent de s'agrandir, de se développer. Je ne vous croirai que lorsque vous rendrez au producteur de denrées, *producteur national* la justice que, jusqu'ici, on lui a obstinément refusée. — Des faits, pas de paroles : *«res, non verba.* » — Plus de promesses fallacieuses, plus de mots retentissants, plus de programmes menteurs. Les promesses, les mots et les programmes doivent se traduire en ce moment par de bonnes mesures, par des mesures libérales, par des mesures nationales.

Le producteur doit être *libre* de vendre ses denrées à qui il veut. Il ne faut pas être injuste envers le producteur *national*. Il faut des mesures propres à améliorer la situation financière de notre République. Et parmi ces mesures, je place, en premier lieu, la *liberté* des transactions, je place, en premier lieu, le développement de la production *nationale*.

*mandent que la loi ne comprime plus leurs facultés par le privilège exclusif. Tous les citoyens enfin, concourant aux charges de l'Etat, réclament une protection égale de la loi. Les naturels du pays qui se livrent aux spéculations commerciales, semblent pourtant désirer une prédilection particulière du gouvernement dans cette occurence. Quel parti devez-vous prendre? En abolissant le quart des subventions, vous n'auriez rien fait si vous ne détruisiez le privilège exclusif qui paralysait l'industrie! La concurrence dans le commerce en fait la richesse (1).*

« En protégeant le commerce étranger, vous ne le laissez pas maître absolu de tous les avantages qui en résultent. Le négociant indigène doit aussi entrer en concurrence, ce champ est assez vaste pour que chacun y trouve son compte sans accabler le peuple, ni léser le gouvernement. C'est ce terme moyen que doit trouver la législation. *La sortie du numéraire de la République doit également fixer notre atten-*

---

(1) Je dis la même chose aujourd'hui. Oui, il ne faut pas abolir les droits que vous avez sur le café, le coton, le campêche. Il ne faut pas seulement dire que la douane ne prendra plus quatre piastres sur le premier produit, trois sur le second, il faut *détruire* le privilège exclusif *des intermédiaires obligés. I!* *paralyse l'industrie agricole,* par conséquent, toutes les industries de la société.

*tion, jusqu'à ce que vous ayez adopté un système monétaire* (1).

« D'après les principes du droit des nations, chaque gouvernement peut employer dans son régime les éléments qui peuvent tendre à sa conservation et au bien-être de ses administrés en observant toutefois le droit des gens, et le respect dû aux propriétés.

« A la Jamaïque, les étrangers qui y arrivent avec une cargaison, sont tenus de payer au gouvernement cinq pour cent sur le montant de la facture ou bien de se consigner à un négociant du pays. Mais la Jamaïque est une colonie qui appartient à une métropole maritime et manufacturière. En Espagne, les négociants étrangers sont aussi assujettis à payer au roi une rétribution d'un demi pour cent sur leur facture. Cette imposition se perçoit sous le nom de *consulado*.

« Haïti qui ne peut sans doute se mettre en parallèle avec ces grandes puissances, peut néanmoins adopter un système à peu près semblable, en raison de sa localité, de ses relations et des ressources immenses qu'elle offre au commerce étranger, surtout par le débouché facile qu'il y trouve de ses marchandises, et la prompte expédition de ses bâtiments. Vous le savez, Séna-

---

(1) Voir, pour ce que je dis de la sortie du numéraire et du décret de Jacques 1er du 15 octobre 1805, mon ouvrage *Application du nouveau système financier.*

teurs, les étrangers qui viennent dans nos ports, y sont moins conduits par le goût des voyages que par l'attrait séduisant de la fortune; et s'ils ne trouvaient un avantage déterminé pour les dédommager des fatigues et des dangers d'un voyage périlleux, ils tourneraient leurs regards ailleurs; et nos denrées qui forment la principale richesse du pays, resteraient sans débouché, la patrie alors ne serait qu'une vallée de peines et de tristesse, ou les citoyens, réduits à la misère, ne tarderaient pas à s'organiser en hordes barbares, pour épouvanter la société par ces actes affreux dont notre infortuné pays n'offre que trop d'exemples.

« Le commerce adoucit les mœurs ; il police les hommes par les rapports réciproques qu'il établit entre eux. C'est par son concours que des peuples féroces sont devenus doux et humains. C'est lui qui rendit célèbre les Phéniciens, les Tyriens et d'autres peuples dans l'antiquité.

« Les Juifs, sortis de la Palestine, se répandirent en foule dans le monde chrétien, et malgré l'intolérance, ils forment une République commerçante dans tous les Etats : en espérant le Messie ils amassent l'or; et bravant les préjugés, ils se soutiennent par le commerce, leur unique industrie.

« Le Portugal, avant ses désastres, étonnait le monde par les ramifications de son commerce; mais la reconnaissance lui ayant fait un devoir d'ouvrir ses ports au commerce de l'Angleterre, il a vu s'évanouir toute son influence de ce côté là (1).

« Les Hollandais ont eu aussi leurs beaux jours. Ils ont longtemps tenu le premier rang parmi les nations commerçantes, avant la décadence de leur République. C'est le commerce qui jette sur l'Angleterre ce vif éclat qui éblouit l'univers, et lui fait soutenir, seule, cette longue lutte où l'Europe est livrée. C'est par le commerce et les arts que Catherine II parvint à adoucir l'aspérité du caractère russe, et rendre passablement doux les habitants du climat glacé de la Sibérie. Et enfin, l'Américain, qui est peut-être destiné à occuper le premier rang, si une décadence frappait l'Angleterre, est devenu un peuple étonnant par ses richesses et l'étendue de son commerce. Déjà cette nouvelle puissance a poussé ses limites jusque dans les confins de la Louïsiane. Par quels moyens toutes ces puissances ont-elles fixé tour-à-tour l'empire du commerce ? C'est en le dégageant de toutes entraves.

« Sans marine, pour exporter ses denrées, Haïti jouit de l'avantage de voir arriver dans ses ports les hommes de tous les climats, que l'appât des

---

(1) Monsieur Daumec fait allusion dans ce passage au traité de Methuen conclu, en 1793, entre le Portugal et la Grande-Bretagne.

richesses attire sur nos rives. Ces hommes nous apportent des objets qui nous sont précieux ; et prennent nos denrées en retour.

« Ceux qui sollicitent encore la loi sur les consignations par numéro (1), renonceraient à leurs projets, s'ils voulaient se donner la peine de réfléchir sur la situation politique d'Haïti et sur ses rapports commerciaux. Mais, dira-t-on, les étrangers ne se consigneront point aux naturels du pays, si la loi ne les y oblige point ; ils donneront toujours la préférence à leurs compatriotes. Ce calcul est faux ; il est destitué de tout système raisonnable. *Un négociant haïtien qui tiendrait son rang dans le commerce, et qui s'y distinguerait par sa bonne foi et sa réputation bien acquise, forcera sans doute l'étranger à établir des liaisons avec lui* (2). Du reste, c'est ici une affaire de confiance ; elle ne se commande point. En revanche, les Haïtiens peuvent grandement compenser ce désavantage par les denrées du pays. C'est à eux de tirer parti de nos localités, à diriger leurs

---

(1) C'est le décret du 6 sept. 1805, dont j'ai déjà parlé. L'art. 2 de ce décret était ainsi conçu : conséquemment au principe consigné dans l'article précédent (qui disait tout patenté consignataire a et exerce les mêmes droits à la faveur accordée par la loi précitée, décret du 1er août 1865), chaque consignataire sera saisi, *chacun à tour de rôle*, et suivant l'ordre du numéro apposé sur sa patente, de la vente et responsabilité des bâtiments étrangers.

(2) Voyez tout de même, ce que nous dirons de ce point dans le chapitre suivant.

opérations commerciales de manière à se rendre
nécessaires dans la balance du commerce : ce
n'est point ici la mission de la loi ; le gouvernement aura atteint son but lorsqu'il procurera
une somme de bonheur à toute la grande famille. Et comme nous l'avons dit, des considérations particulières sont toujours comptées
pour rien quand il s'agit du bonheur commun
et quand il s'agit de détruire les funestes pré-
ventions que les étrangers ont contre notre
système de gouvernement (1).

« Sans doute le gouvernement se serait dis-
pensé d'établir aucune rétribution sur les commerçants étrangers qui viendront s'établir en ce
pays ; mais sa situation ne lui permet pas de
fermer les yeux sur les avantages que ces négociants retirent du commerce d'Haïti. *Du
reste, des négociants qui jouissent de la faveur du gouvernement, de la protection des
lois, et pour le maintien des propriétés des-*

---

(1) M. Daumec parle ici d'une façon trop absolue. Sans
doute, les considérations particulières ne doivent pas compter quand il s'agit du bonheur commun, mais il faut tenir
compte des *circonstances particulières*, afin que le passage
d'un système à un autre se fasse sans choc, afin que les
particuliers ne reçoivent pas de grandes secousses dans le
réformes que les gouvernements accomplissent. Mais beau
coup de personnes ne doivent pas critiquer *la façon absolue* avec laquelle M. Daumec a fait introduire les réformes
consignées dans la loi du 23 avril, parce que, depuis lors, il y
a eu beaucoup de réformes faites avec violence, avec bru-
talité : en premier lieu se trouve le retrait du papier mon-
naie. Je reviendrai sur ce point dans mon troisième chapitre.

*quels la force armée est toujours disponible,
doivent à l'État une rétribution quelconque;
cet usage est reçu chez tous les peuples po-
licés, et la manière la plus équitable d'é-
tablir les impositions est de peser sur les
contribuables en raison de leurs facultés:
tout autre moyen est injuste.* C'est d'après
ce principe, basé sur la justice, que je vous propose de prélever un pour cent sur le montant
de chaque cargaison. Mais cet impôt ne doit pas
peser sur la cargaison elle-même ; il sera supporté par le négociant patenté sur le montant
de sa commission. C'est-à-dire qu'un négociant
consignataire qui aurait reçu un bâtiment, au
lieu de percevoir cinq pour cent pour la vente
de la dite cargaison, n'en recevrait que quatre,
puisqu'il est tenu d'en verser le cinquième dans
la caisse de l'Etat. De cette manière, le négociant qui n'aurait reçu aucun bâtiment pendant
l'année, n'aurait rien à donner au gouvernement. Un négociant d'outre-mer qui expédie son
bâtiment pour nos ports, sait que la commission d'usage est de cinq pour cent, et quelquefois même sept et demi. Son calcul est fait à cet
égard : ainsi, vous n'augmentez point les frais
de son bâtiment, puisque l'imposition ne porte
que sur le bénéfice du consignataire établi dans
le pays ; et le propriétaire de la cargaison n'a
rien à objecter.

« La mauvaise foi de quelques capitaines étrangers qui ont fui de nos ports sans s'acquitter de leurs droits envers l'Etat, vous fait un devoir de les astreindre à une consignation libre (1).

« Chaque étranger, en arrivant, aura le droit de choisir sur la place le consignataire en qui il aura confiance. Par ce moyen, vous détruisez l'arbitraire, sans exposer la République à être frustrée de ses droits.

« Vous trouverez, Sénateurs, les autres dispositions dans le projet de loi qui va suivre. J'ai tâché de les mettre en harmonie avec les intérêts de tous. Et si quelque chose a échappé à mes faibles lumières, vous, y suppléerez par votre perspicacité, etc., etc., etc. »

Après ce rapport de M. Daumec, le Sénat vote la loi du 23 avril 1807. Dans cette loi, il y a d'excellentes et de fort mauvaises dispositions.

*D'excellentes dispositions* — Ainsi l'abolition de la loi du 6 septembre 1805, qui astreignait lss capitaines ou subrécargues étrangers à se consigner à des négociants patentés par tour de rôle ou par numéro. — Ainsi encore, l'abolition de la loi du 6 janvier 1806, qui enjoignait aux armateurs, capitaines ou subrécar-

---

(1) Entr'autres capitaines, il faut noter celui de la *Louisiana :* Le considérant du décret du 1er août 1805, dont j'ai plusieurs fois déjà parlé, est ainsi conçu : « Vu que, *du départ furtif et frauduleux* du navire *la Louisiana*, il résulte un préjudice considérable pour les intérèts de l'Etat, et qu'il convient d'aviser aux moyens de réprimer, à l'avenir de pareils abus. »

gues, de composer leurs chargements *par tiers,
coton, sucre et café.*

*De mauvaises dispositions.* — Car, si le
rapporteur du Sénat de 1807 a déclaré *qu'un
peuple purement agricole ne peut se soutenir
que par des relations commerciales bien
établies et calculées sur des avantages réciproques, base de toutes les transactions so-
ciales;* car, si M. Daumec, dans son rapport,
a fait entendre que Dessalines avait *établi
en principe le privilège exclusif, en fixant
dans chaque place de commerce un nombre déterminé de négociants qui avaient
seuls le droit de traiter ou de recevoir des
cargaisons à leur consignation, par tour de
rôle, et par conséquent l'affreux pouvoir de
tenir les cultivateurs sous leur dépendance,
en faisant baisser ou augmenter les denrées
au gré de leur caprice;* car, si M. Daumec a
dit tout haut dans son rapport: *En abolissant
le quart de subvention, vous n'auriez rien
fait si vous ne détruisiez le privilège exclusif
qui paralysait l'industrie. La concurrence
dans le commerce en fait la richesse...,* —
M. Daumec a, néanmoins, rédigé ainsi l'art. 15
de sa loi : « Très-expresses défenses sont faites
aux négociants patentés qui traitent en gros une
cargaison ou qui la reçoivent à leur consignation
de vendre aucun des articles en détail. Ils débi-
teront les dites cargaisons en gros, par balles,

malles, caisses, futailles ou boucauts, etc., savoir :
morue, vin, farine, porc, bœuf, harengs, sau-
mon ou maquereau, par vingt-cinq boucauts,
barriques ou barils, au moins, huile, savon et
autres articles en caisse ou panier, également
par vingt-cinq caisses ou paniers, au moins ;
afin que les marchands détaillants n'aient point
la concurrence des négociants dans le commerce
de détail. » — Et, alors, pourquoi M. Daumec
avait-il dit si haut : « Vous tournerez, Sénateurs,
vos regards vers le commerce, et vous le rendrez
florissant par toutes sortes d'encouragements...
...... La liberté a toujours été son domaine.....,
..... Toutes les classes industrieuses de la société
demandent que la loi ne comprime plus leurs
facultés par le *privilège exclusif...* Tous les
citoyens, enfin, concourant aux charges de l'É-
tat réclament une protection égale de la loi...
La concurrence dans le commerce en fait la
richesse... » Pourquoi M. Daumec avait-il tant
déclamé contre les entraves *auxquelles le commerce était exposé sous le gouvernement de
Dessalines ;* quand lui-même, M. Daumec, par
le quinzième article de cette loi du 23 avril,
empêchait le commerce d'être florissant... consacrait (1) le privilège exclusif des marchands

---

(1) Je dis : *consacrait,* et non *maintenait* le privilège des
marchands en détail. La première loi dans laquelle je vois
parler des marchands en détail, est la loi du 7 mars 1807.
Or, cette loi ne dit point que les *détaillants ne doivent point*

en détail... ; quand, par ce même article, il prenait des mesures *pour que la concurrence ne fît pas la richesse du commerce...*; quand, par ce même article, il mettait d'autres entraves au commerce.

Il y a une grande différence entre les idées émises par M. Daumec, dans son rapport au Sénat, et la loi du 23 avril, qu'il a proposée à ce grand corps. Et cette différence prouve que les connaissances économiques de M. Daumec n'étaient pas très-solides, que ses idées n'étaient pas très-fortement liées aux vrais

---

*avoir la concurrence* des négociants dans le commerce de détail. Au contraire, certains articles de cette loi, l'art. 11 principalement, semblaient permettre aux négociants de détailler : « Nul ne sera obligé, dit l'art. 11, à prendre plus d'une patente, quelles que soient les diverses branches de commerce, profession ou industrie qu'il exerce ou veuille exercer; mais il sera tenu dans ce cas, de la patente relative à celle des parties de son commerce, de sa profession ou de son industrie qui se trouve assujettie au droit le plus fort. »—« Et quiconque, dit l'art. 12 de cette loi, fera un commerce, négoce, ou exercera une profession ou une industrie soumise à une patente supérieure à celle qu'il aura d'abord obtenue pour un genre assujetti à un moindre droit, sans en avoir préalablement levé une de la classe dans laquelle se trouve porté son nouveau commerce ou sa nouvelle profession, sera réputé non muni de patente et contrevenant à la loi. » — Mais la loi du 11 janvier 1808 consacre d'une manière très-tranchée les restrictions portées au commerce des négociants consignataires. L'art. 2 de cette loi déclare que *chaque personne est tenue de se munir de patente pour les différentes branches d'industrie qu'elle veut exercer.* L'art. 5 dit ce que le Sénat entend par *négociants*, etc. : *Les négociants sont tous ceux qui traitent en totalité ou en partie de cargaisons; les marchands en gros ou en détail, ceux qui achètent de seconde main, et qui vendent par pièce et par aune, baril, caisse, etc.; les marchands en détail, ceux qui tenant boutique, ne vendent que par aune ou par livre.*

principes scientifiques : « qui varie, erre. »

Cependant, il ne faut. pas oublier que les appréciations contenues dans le rapport Daumec de 1807, sont bien plus justes que celles du rapport de 1878, dont j'ai déjà parlé.

Dans le rapport fait par la commission nommée par le pouvoir exécutif et le Corps législatif, je lis : « Sans qu'on puisse dire d'une façon exacte *que le travail dans notre État a décliné*, il n'est pas moins visible que la gêne financière a pénétré dans chaque famille haïtienne....... Que le pays depuis 1804 ait progressé, il n'y a là-dessus aucun doute. Il semble donc qu'il est permis *d'attribuer la misère relative de la génération actuelle d'Haïti aux moyens de l'existence qui n'ont pas progressé en raison des besoins nouveaux* qui ont pris naissance sous l'influence de causes diverses... Le commerce est épuisé, l'agriculture est haletante *et l'industrie ébauchée* que surent nous donner nos pères, nous l'avons perdue. » — D'un côté, le rapport refuse d'affirmer « *que le travail a décliné à Haïti, et* affirme que le pays *a progressé depuis 1804* ; de l'autre, *il croit que l'on peut attribuer la misère relative de la génération actuelle aux moyens d'existence. qui n'ont pas progressé en raison des besoins nouveaux*; et déclare hautement, sans ambages, *que l'industrie ébauchée, léguée* par les hommes de 1804,

*la génération actuelle l'a perdue.* » Incohérence et contradiction, puisque « *quand le travail n'a pas décliné dans un pays, qu'un
pays progresse, les moyens d'existence pro-
gressent aussi en raison des besoins nouveaux, et les industries se perfectionnent
par le travail et le progrès des générations.* »

A part les opinious émises dans les rapports
plus ou moins officiels, il y en a beaucoup
d'autres d'assez curieuses, émises par ci, par là.
Dans un journal qui se publie à Port-au-Prince,
on trouve les lignes suivantes, dans la deuxième
colonne du numéro du 22 février 1879 : « Nous
rappelons la très-sérieuse attention du Ministre
de l'Intérieur sur un fait déplorable qui se pratique dans certaines sections rurales ; c'est le
fait que voci :

« Beaucoup de cultivateurs vexés et indignés de
vendre leurs cafés à 5 et 6 piastres par 100 livres
ont eu la *stupide idée* (1) de couper leurs caféiers
et y ont substitué de la banane. Ils ont fait le
calcul suivant : Ce champ me donne 200 livres
de café, soit 10 ou 12 piastres, tandis qu'en y
plantant de la banane j'aurai moins de labeur,
et je ferai dans ce même terrain 18 à 20 piastres (2). »

---

(1) Stupide idée, dites-vous ; mais moi, je trouve que
vous vous occupez trop *des stupides idées* des autres.

(2) Permettez-leur donc, je vous prie..... Pourquoi n'ont-
ils pas le droit d'être vexés du sort indigne que vous leur

C'est un raisonnement assez maladroit (1).
« Le café se vend plus ordinairement à 10 ou 12
piastres le cent que 5, et 6 piastres, et puis la

---

faites depuis si longtemps, et d'être indignés des vexations qu'ils subissent. Si votre système financier avait pour base la justice, certes, jamais ils n'auraient vendu leur café 5 ou 6 piastres les cent livres : car les *redevances* qu'ils paient aux spéculateurs en denrées et aux négociants consignataires, ainsi que les quatre piastres quatre-vingts centimes, perçues sur leur café par les douanes, seraient à eux. Ils auraient vendu leur café au moins 12 à 13 piastres. Si votre système financier avait pour base la science économique aussi, la misère ne serait pas si forte actuellement, car le développement de l'industrie agricole par l'absence de tous ces droits et redevances, aurait amené le développement de toutes les autres industries et une bonne rétribution du travail. Et puis, le secrétaire d'État de l'intérieur qu'a-t-il à faire pour ce fait *déplorable*, qui se pratique dans vos sections rurales? — A-t-il le droit de forcer les cultivateurs à planter du café, quand il leur plaît de planter de la banane! — Je réponds que non, avec l'auteur du *Progrès* :

« Homme grand ou petit, riche ou pauvre, fort ou faible, savant ou ignorant, noble ou roturier, Bourbon ou Durand, je te déclare, au risque d'étonner ta sottise et d'épouvanter ta couardise, que tu n'as ni maître, ni chef, ni supérieur naturel, et que ta personne et tes biens ne relèvent que de toi.

« Ton corps, si chétif et si laid que la nature l'ait voulu faire, est plus inviolable que le palladium des Troyens et l'arche sainte des Hébreux. Aucun pouvoir, aucune force, aucune armée ne peut légitimement toucher à un cheveu de ta tête, ou t'obliger à t'asseoir lorsqu'il te plaît de rester debout, ou te faire tourner à droite lorsque tu préfères aller à gauche, ou te contraindre à dire que deux et deux font cinq si ta raison n'est pas de cet avis. Sois un nain trouvé sur la borne, élevé dans la rue, et riche de deux sous pour tout capital; vienne un géant né d'un roi, entouré de cent mille soldats ; s'il fait mine de vouloir prendre tes deux sous sans ta permission, défends-toi et tue-le si tu ne peux l'arrêter autrement. Tu seras dans ton droit. » (*Le Progrès*, About, page 59, 1re édition.)

(1) Toujours des autres : encore la paille dans l'œil du voisin.

*baisse* est plutôt dûe à la mauvaise préparation du café qu'à la *baisse réelle* (1) ; donc, la
baisse vient plutôt de la *paresse du campagnard*, qu'autrement. Le gouvernement est in-
téressé à faire cultiver le café, par la seule raison que toute diminution dans la production de
cette fève sera une perte réelle pour l'État...
Ainsi, soixante millions de livres, à trois piastres, donnent un million huit cent mille piastres, cinquante millions de livres donneront
une perte sèche de trente mille piastres et
chaque million en moins sera une diminution
dans les recettes de l'État. C'est donc une question de vie ou de mort pour le gouvernement
que d'ordonner aux commandants d'arrondissement, de communes et aux chefs de
sections de veiller strictement, non pas seulement pour empêcher la destruction des pieds
de café, mais encore pour qu'ils s'occupent acti-
vement à faire planter de nouveaux caféiers
et de surveiller la décortication de cette fève
précieuse... Ils doivent inculquer dans la tête
de ces gens que leurs cafés doivent être ramas-
sés chaque soir, plutôt que d'être entassés et
laissés à la rosée de la nuit et à la pluie, sans
être couverts, .c'est ce qui donne les graines
blanches et noires ; puis leur apprendre à re-

_____

(1) Un peu de bonne volonté... lecteur, un peu de bonne
volonté!!!

muer le café deux ou trois fois par jour, afin que toutes les fèves aient au moins autant de soleil les unes que les autres (1). »

.... Le jour ou votre système financier ne sera pas organisé comme il est, le jour où il sera d'accord avec les principes économiques, ce jour-là, les spéculateurs et les consignataires, intermédiaires obligés, seront supprimés entre le producteur et le consommateur de denrées, le marchand en détail, le marchand en demi-gros, le marchand en gros, le consignataire encore seront supprimés entre le consommateur et le producteur étranger.

— Sans doute, sous l'empire de la liberté des transactions, il y aura encore des spéculateurs en denrées, des consignataires, etc., mais leur intervention, non *obligée*, sera justifiée par la grande loi de la division du travail, loi économique qui se comprend parfaitement sous l'em-

------

(1) Vous les trouvez donc bien paresseux, nos producteurs de denrées. Mais, ce n'est pas de leur faute si la production agricole diminue et diminuera. Que voulez-vous, cette production n'est pas encouragée ? — Au contraire, elle est grevée d'impôts partout, et, encore, des impôts les plus injustes... Franchement, le campagnard ne pourra jamais se résigner à vendre son café 5 ou 6 piastres les cent livres, parce qu'il doit obtenir, en vendant son café, une rétribution pour ses peines, une rétribution pour son travail, une rétribution pour les avances qu'il a faites à la terre, pour ses *coumbites* et les frais du transport du café, etc... Que votre système financier soit réformé, que tous les impôts ne grèvent pas la production agricole, et vous verrez...

pire de la liberté des transactions, et qui ne doit pas être *imposée* aux masses.

Je m'explique sur ce dernier point, pour qu'on ne pense pas que je me contredise. — Quand le producteur de denrées aura le droit de vendre ses produits à qui il veut sur le marché général du monde, il est évident que *mille causes naturelles* ne pourront mettre en relations, — je ne dis pas tous, — mais je dis beaucoup de nos producteurs avec tous les consommateurs de denrées, et beaucoup de nos consommateurs avec les producteurs ou préparateurs étrangers. — De là, nécessité de quelqu'un qui sera l'intermédiaire de ces producteurs avec les consommateurs, et de nos consommateurs avec les producteurs ou préparateurs étrangers : de là, nécessité d'un consignataire.

Le consignataire étant né, ne pensez pas que tous les producteurs de denrées qui ne pouvaient pas se mettre en rapport avec les producteurs ou préparateurs étrangers, se mettront directement en rapport avec ce consignataire. Mille causes encore les empêcheront de se rencontrer. Ainsi, pour n'en citer que quelques-unes, il suffit que je vous rappelle que le consignataire, au lieu d'employer plusieurs commis à acheter de tel producteur de denrées *cinquante livres* ; de tel autre, vingt-cinq livres ; de tel autre encore, dix ou cinq, même une demi-livre de café, de coton, etc., afin de faire de

tous ces petits achats qui nécessitent énormément de frais et de *faux frais*, afin de faire,
dis-je, une somme de *mille à deux mille
livres* de denrées par semaine, — aimera bien
mieux acheter à un prix élevé, une somme de
*mille à deux mille* livres, d'une autre personne qui se serait procuré cette somme de
*mille à deux mille* livres, par divers petits
achats faits du producteur de denrées...

Je rappelle encore que le consignataire qui
voudrait acheter de tous ces derniers producteurs de denrées, se verrait obligé de... *de recevoir ses pratiques*. Or, sait-il bien, le consignataire, ce qu'une personne qui a l'habitude
d'acheter des denrées, veut lui faire comprendre
quand elle lui dit : « Je dois recevoir mes *pratiques* aujourd'hui. »

Ils ne le savent pas tous, je parie.

— Et bien, cette personne veut lui dire :
« Avant l'heure habituelle de l'arrivée du
producteur de denrées, je dois faire préparer
pour lui un endroit convenable. Et puis, je
dois, pour ne pas froisser ses petites suscepti-
bilités, surveiller son arrivée. Je dois après recevoir son bonjour d'un air particulier, lui
dire le mien d'un ton patriculier, me servir
dans ma conversation, — car il faut converser
avec ses *pratiques*, d'expressions particulières :
ainsi je ne dois pas leur dire : *Mes amis*,
mais bien *Misam's*. —Je dois aussi, sous peine

de voir mon pain s'en aller avec eux (1), leur
faire à un moment donné, une distribution de
*boissons*. Je dis une distribution de *boissons*,
car je dois savoir donner du rhum, — et non pas
du tafia, — à telle pratique, s'il est de certaine
influence dans son district, offrir à sa femme,
parfois aussi à ses femmes, non pas du rhum
comme au mari, mais du vin ou de la liqueur
fine, à son choix. Si c'est de la liqueur que
j'offre, je dois savoir donner à cette liqueur un
nom approprié au caractère de la personne à
qui je la présente ; parfois je dois l'appeler
*plaisir des hommes* ; parfois *caprice des
dames...* Je dois contrarier, autant que possible et avec beaucoup de tact, toute sortie des
producteurs, avant le pesage des denrées, surveiller leurs conversations, à la rentrée, savoir
si, réellement, on a pu leur offrir le chiffre qu'ils
prononcent dans leurs conversations ; leur offrir
le prix qu'une personne qui, comme moi, achète
du café, leur a offert ; car, si je leur donnais
plus que les autres acheteurs voudraient leur
donner, *je gâterais la place*, et si je leur of-
frais moins que les autres acheteurs, je perdrais
le café : alternative cruelle.....

Je dois chercher aussi dans les pesées, tout
en ne froissant pas la susceptibilité des produc-

---

(1) Notez que c'est le spéculateur en denrées qui parle
toujours.

teurs de denrées, à défaire soigneusement les nœuds des *cottes;* à fouiller, soigneusement encore, par ci, par là, pour les grosses pierres (*Lemoine*), sous peine de perdre dans mes pesées..... » ..... Est-ce fini?

Non. pas encore, car cette personne dit aussi : « Je dois savoir si les femmes qui sont venues me vendre leurs denrées ont l'habitude de s'occuper des affaires religieuses pour, le soir, les prier respectueusement de me chanter : « *Joseph, mon cœur fidèle* », ou bien « *Triomphe victoire,* » ou bien tel autre cantique ; ce qui les portera à croire que je les prise haut. Je dois aussi savoir si, dans la compagnie des producteurs de denrées qui sont chez moi, il n'y a pas un *lectè.* S'il y en a un, je dois le prendre adroitement pour qu'il étale devant moi son *savoir.* Par conséquent, je lui remettrai, avec *beaucoup de certainement,* ou un Télémaque, ou une Grammaire, ou une Arithmétique. Mais je ne devrai pas rire du tout, et je devrai, au contraire, avoir un certain air d'admiration pour le personnage *lectè,* quand il me lira à chaque page des livres susparlés : « *Pierre qui roule, n'amasse pas mousse; Pierre qui roule, n'amasse pas mousse.* » (Je n'invente rien, j'ai assisté plusieurs fois à des scènes pareilles).... — Mais, cette fois, c'est fini?

Non, vous vous trompez ; la personne dit encore : « Je dois aussi savoir, avant le départ de mes *pratiques* (sous peine de ne plus les revoir), faire une distribution de tabac, à ceux-ci ; de pain, à ceux-là ; de bouteilles de rhum aux uns ; de bouteilles de tafia aux autres. — Je dois aussi refuser un crédit à ceux-ci, l'accorder à ceux-là. Et, quand ces derniers m'affirment qu'ils reviendront dans quinze jours à un mois, ne pas aller les croire sur parole ; car, pour eux, quinze jours à un mois, c'est six mois à une année. » . . .

. . . . . . . . . . . . . . . . . . . .

Ah ! n'est-ce pas qu'elle est longue la liste des misères de celui qui achète directement du producteur de denrées, quand il lui faut *recevoir ses pratiques*?

Mais, il ne faut pas seulement recevoir ses pratiques, il faut encore être en relations constantes avec la pratique. Il faut lui envoyer un bonjour par chaque occasion, répondre aux lettres pleines d'esprit qu'*elle* vous écrit, lui envoyer des cadeaux par chaque bonne occasion, mettre votre maison à sa disposition pour les mariages, baptêmes, et les moments où votre *pratique* voudrait rester en ville, soit pour maladie, soit pour affaires religieuses, soit pour devoir de soldat. — Il y a là toute une *clientèle*...

Voilà, consignataires, les petites misères de ces Grassouillets qui achètent du producteur de denrées, petites misères qui sont bien plus terribles

*que les grandes misères ; car elles minent,*
*elles tuent à coups d'épingles.*

N'est-ce pas, consignataires, qu'il y a beaucoup d'entre vous et beaucoup d'autres personnes du marché général du monde, qui ne
peuvent se mettre en rapport avec tous les producteurs de denrées ?

N'est-ce pas, qu'il faut apprendre l'art, l'art
très-difficile de se mettre en rapport directement
avec tous les producteurs de denrées ?

N'est-ce pas, aussi, qu'il faut avoir pour cet
art certaine vocation ?

N'achète pas les denrées du producteur qui
veut, mais bien qui peut.

Je passe, maintenant, au rapport du consignataire avec ceux des consommateurs qui ne pourront pas se procurer leurs utilités du producteur
ou du préparateur étranger. Je laisse de côté le
cas où le consignataire, lui-même, voudrait détailler au citadin, et je m'occupe du cas où il
voudra détailler à la grande masse des consommateurs, à la masse des populations rurales.

Pour le coup, les choses n'iront pas aussi
facilement qu'on le pense : apprendre à vendre
aux populations rurales est un art tout aussi
difficile qu'apprendre à acheter d'elles ses denrées.

Pour détailler les marchandises aux populations rurales, il faut savoir appeler *l'habitant*
d'une façon bien étudiée d'avance, il faut savoir



7

les mots qu'on doit lui adresser, les plaisante-
ries qu'on doit lui faire pour le porter à acheter. Ainsi, j'ai vu déjà une marchande, après
avoir appelé un *habitant* qui ne voulait pas
venir acheter d'elle, lui dire : « *Comment pratique, vous pas* garçon *puisque femme hélé
vous et que ou pas vlé vini...* » Je dis que
c'est un art de savoir vendre au détail; car, en
général, il faut donner un nom à chaque indienne pour pouvoir la vendre : et ce nom ne
doit pas être pris au hasard : tel nom détermine
un *habitant* de telle localité et ne détermine
pas *l'habitant* de telle autre localité :

« C'était en l'année 1865.—Salnave après avoir
pris presque toutes les localités du Nord, avait été
obligé de les abandonner, une à une, aux troupes
de Geffrard. Une marchande de toile avait, depuis
le matin, vendu plusieurs pièces d'indienne, parce
qu'elle avait appelé cette pièce-ci : « Sourcils Sal-
vane, » l'autre : « badine de Salnave, » etc., sourcils
et badine de Salnave que ni la marchande ni les
acheteurs n'avaient jamais vus peut-être. —
Quelques *habitants* du quartier Morin arrivent.
Ils veulent acheter de cette indienne. La marchande prend son aune, commence à mesurer. Et
pour déterminer ces *habitants* à acheter plus
qu'ils ne voudraient, peut-être, acheter d'elle, elle
leur dit : « Pratique, vous avez bon goût, c'est badine Salnave que vous achetez. » Immédiatement,
l'homme qui tenait l'aune, la jette de côté, et s'en

va, lui et tout son groupe, — (ils forment souvent des groupes), — acheter, à deux pas plus loin, une autre indienne, moins jolie, mais qu'ils préfèrent, parce que la *marchande l'appelle :* « badine Geffrard. »

Je crois avoir suffisamment expliqué que, de par le grand principe de la division du travail, il y a même sous le régime de la liberté des transactions, des spéculateurs en denrées, des marchands en détail, des consignataires ; mais voici la différence qui existe entre ceux-ci. *simples particuliers* et ceux qui existent, actuellement, à Haïti, *intermédiaires obligés :* « quand, de par la force des choses, je m'adresse à un simple particulier, je n'ai pas le droit de me plaindre si, dans ses rapports commerciaux avec moi, il gagne cent pour cent ; mais, quand les lois créent, *arbitrairement* entre moi et n'importe quelle personne du marché général du monde, des *intermédiaires obligés,* j'ai le droit de protester contre cette création arbitraire, même quand ces *intermédiaires obligés* ne gagnent qu'un centime sur cent dans leurs rapports avec moi, car ce centime me revient à bon droit ; et personne n'a le droit de me porter à le donner à des intermédiaires, quand mes intérêts ne l'exigent pas... »

———

# CHAPITRE VIII.

## LA LIBERTÉ INDIVISIBLE, etc.

Dans notre système financier l'on voit l'application de la grande maxime : « A chacun selon ses aptitudes, selon ses moyens. »

L'effort propre de chacun joue dans ce système, le rôle le plus grand.

Plus d'entraves aux transactions, plus de barrières au travail !

Les hommes libres doivent travailler librement ! Et si les hommes de 1804 ont brisé les fers qui retenaient Haïti dans l'esclavage, il appartient à la génération actuelle de la délivrer de toutes les chaînes qui la retiennent dans la misère !

La liberté ! voilà ce que les hommes de 1804 demandaient. — La liberté *indivisible !* La génération actuelle doit la réclamer à grands cris, pour compléter l'œuvre de ces hommes gigantesques. — Et elle le fera : la liberté n'est rien, si elle n'est *indivisible.*

Qu'il n'y ait dans le pays qu'une seule classe d'hommes. Que ceux qui veulent s'adonner à une profession s'y adonnent librement ; mais qu'il n'y ait aucun privilège exclusif... Que tout le monde travaille courageusement et intelligemment : « L'avenir dans notre système, est au plus piocheur. au plus intelligent, au plus travailleur. »

---

I. Si l'on veut bien comprendre toute la portée d'une règle, il faut s'attacher, autant que possible, à voir les cas auxquels elle ne s'applique point. Ces cas étant bien compris, la règle peut être alors appréciée à sa juste valeur. Et l'importance de cette règle dépendra des restrictions qui lui sont faites par ces cas, qui se trouvent hors de son champ d'application.

Ces réflexions me sont venues de quelques tempéraments que je vais porter, au principe développé dans cet ouvrage. à la liberté du travail, à la liberté de l'échange. — Le principe de la liberté du travail, de la liberté d'échange est du droit naturel ; et la science économique est venue lui apporter son contingent de forces, l'aider à sortir du domaine abstrait du droit naturel, et le porter dans un domaine plus vaste et plus fécond.

Ainsi, le principe de la liberté du travail marche, marche à pas de géant. Et bientôt, après avoir jeté les derniers liens qui retardent son avènement, tels que les lois sur le taux de l'intérêt, les lois sur les brevets d'invention, après avoir supprimé tous les régimes qui nuisent à son développement, tels que les régimes *actuels* des douanes, elle transfigurera le monde, elle fera de ce monde, non pas un lieu où l'homme sera encore le loup de l'homme, mais un lieu où l'homme sera le frère de l'homme.

Les peuples, n'ayant plus de barrières entre eux, échangeront plus facilement les produits que leurs aptitudes particulières, que leurs talents propres, que la nature du sol qu'ils habitent leur permettent de cultiver facilement, de produire sans peines. Par ce grand échange de produits, ces communications faciles, ces relations constantes, l'on comprendra, l'on verra toute la portée, toute la grandeur de cette pensée éminemment philosophique : « Aimez-vous les uns les autres. »

Mais l'économie politique n'est pas la seule science qui dirige les nations.

Au-dessus d'elle, il y a la science politique. De sorte, qu'un principe peut être approuvé, tout entier, par la science économique, et ne pas être approuvé, tout entier, par la science politique. De là, certaines restrictions, certains tempéraments, nés de la science politique, à apporter à ce principe approuvé, tout entier, par la science économique. Et ces restrictions, et ces tempéraments ne font que corroborer, justifier le

principe approuvé par l'économie politique :
« l'exception confirme la règle. »

Voyons ces exceptions :

I. Il y a certaines matières dont l'entrée dans
le pays, quoique facilitant le consommateur,
est préjudiciable au corps social, à la marche de
l'État.

Je reconnais que le pétrole, matière excessi-
ment combustible, ne peut entrer dans le pays
en grande quantité : autrement, les propriétaires
de la République ne seraient pas en sécurité.

Je reconnais que la poudre, la poudre de
chasse, — je ne parle pas de la poudre de guerre
qui ne peut être importée que par le gouvernement, — ne peut être importée dans le pays en
grande quantité, sans danger pour l'État. Et ce
que je dis de la poudre, je le dis des armes à
feu, je le dis des armes quelconques.

En principe, l'entrée de ces matières dan-
gereuses est prohibée. Mais comme il y a beaucoup de personnes qui peuvent avoir besoin de
ces matières, le gouvernement doit accorder
à telle ou telle personne une licence pour l'importation de ces matières. — Inutile d'ajouter
que ces licences doivent se faire payer cher et
que les personnes qui contreviendront à cette
prohibition, seront passibles d'amendes assez
élevées.

II. Une seconde restriction peut être apportée
au principe de la liberté du travail, et cela,

dans un but de politique tout à fait nationale.

Le peuple haïtien étant un jeune peuple, les rapports de ses membres avec les peuples étrangers, qui sont appelés à lui envoyer les produits de leur civilisation, ne sont pas aussi étendus qu'ils devraient l'être.

De cette étroitesse de rapports qui existent entre nos nationaux et l'étranger, ressortent des avantages pour les étrangers établis dans le pays. Ces derniers arrivent à lier facilement des rapports avec les pays étrangers, d'où ils viennent.

L'étranger établi à Haïti, *cæteris paribus*, doit avoir une meilleure position que l'Haïtien, et doit arriver plus vite que lui à faire fortune. Et les grandes fortunes du pays, *cæteris paribus*, doivent se trouver dans les mains des étrangers.

Mais les plus simples notions de la science politique ordonnent à tout jeune État soucieux de son avenir, d'empêcher, autant que possible, que, chez lui, les plus grandes fortunes appartiennent aux étrangers.

En effet, ceux qui possèdent les plus grandes fortunes d'un pays, ont toujours une grande influence, certaine prépondérance, de par cette fortune qu'ils possèdent ; et, si les propriétaires de ces grandes fortunes sont des étrangers, jamais cette influence et cette prépondérance ne tournent à l'avantage du jeune peuple au milieu duquel ils vivent.

Un étranger ne doit pas se livrer au commerce, à une profession quelconque, dans un pays quelconque, sans une licence du gouvernement, licence qui ne doit être accordée qu'après une enquête sérieuse. Car tout commerçant, tout industriel peut avoir en mains les intérêts des tiers ; et, ces intérêts peuvent être facilement compromis, si le commerçant, l'industriel étranger ne sont pas d'une moralité connue (1).

Et avant que le gouvernement obtienne, peut-être (2), l'extradition de cet étranger, il arrivera

---

(1). L'art. 3 de la loi du 23 avril 1807, est ainsi conçu : « En vertu de la présente loi le gouvernement est chargé de délivrer des lettres de consignation à tous les négociants, naturels du pays, étrangers et autres.... *sont exceptés de cette disposition les aventuriers, rebut des nations, qui promènent leur nullité pour tromper la bonne foi des gens.* »

(2) Le gouvernement, en effet, n'est pas toujours sûr d'obtenir l'extradition demandée.

Parce que, d'abord, dans tous les États, il est de règle de ne pas remettre les nationaux. Ainsi, si l'on demandait au gouvernement de la République française l'extradition d'un citoyen français, il est sûr que ce gouvernement ne l'accorderait pas. — En Angleterre et aux États-Unis, on déroge à cette règle ; l'extradition des nationaux est accordée. Et puis, les traités font aussi de grandes brèches à cette règle.

Ensuite, les formalités requises pour obtenir l'extradition sont très-difficiles et parfois impossibles à remplir dans plusieurs États. Ainsi, en Angleterre, aucune extradition ne peut avoir lieu sans un examen *approfondi* des faits par le magistrat anglais. Je veux dire que le magistrat anglais ne s'occupe pas seulement des *conditions extrinsèques* de l'extradition ; mais qu'il s'occupe encore des faits mêmes de l'accusation. Pour qu'on obtienne une extradition de l'Angleterre, il faut d'abord que les charges relevées par le magistrat anglais, caractérisent des faits qui, commis

que beaucoup de nationaux paieront de leurs
biens la trop grande confiance du gouvernement
dans la moralité de l'étranger.

En général, une licence, après enquête sérieuse,
peut empêcher toutes ces choses graves.

Mais une licence ne suffit pas pour empêcher
les dangers que j'ai signalés plus haut. Il faut
des mesures bien plus importantes.

Je ne dis pas que le législateur doive exiger
que l'étranger qui veuille faire le commerce,
désigne à l'autorité supérieure, en lui demandant
une licence à cet effet, tel citoyen haïtien qui se
trouvera son associé, et que cette licence ne sera
valable qu'autant que cet Haïtien soit réellement l'associé de l'étranger : toute chose qui pla-
cerait, à la longue, l'Haïtien associé dans le
même état que l'étranger.

Je ne dis pas, non plus, que le gouvernement
ne doive accorder la licence de commerçant
qu'à un nombre assez restreint d'étrangers.

C'est au législateur haïtien à bien étudier
la question, pour prendre ensuite les mesures
qui doivent atténuer, faire disparaître l'état
d'infériorité dans lequel se trouve l'Haïtien, dans
ses rapports avec les pays étrangers, vis-à-vis
de l'étranger établi dans le pays.

---

en Angleterre, conduiraient l'inculpé devant le jury. —
M. Renault croit que cette dernière disposition de la loi
anglaise est *excessive* (comparer avec son ouvrage intitulé :
*Étude sur l'extradition en Angleterre*, page 11). Aux États-
Unis la règle est la même.

Mais je lui répète, appuyé sur la raison et l'expérience, que quand les plus grandes fortunes d'un pays nouveau sont possédées par des étrangers, jamais l'influence et la prépondérance attachée à ces grandes fortunes, ne tournent au plus grand avantage du jeune peuple chez lequel ces étrangers sont établis.

# DEUXIÈME PARTIE.

---

## CHAPITRE IX.

### LA SITUATION D'HAÏTI.

> « Les dangers de ce système sont
> inhérents à sa nature et ne peuvent
> cesser qu'avec lui-même. Il est ab-
> surde de parler de ses abus, le plus
> grand abus est son existence même. »
> (Henry CLARKE).

Comprenons bien la situation de la république d'Haïti, et voyons quel sera l'effet immédiat de ce système financier.

La production agricole arrivera par ce système, à son degré maximum, puisqu'elle n'aura plus de droits à payer aux intermédiaires obligés, aux douanes de la République, et que le gouvernement pourra, par des traités de commerce (1) avec les pays étrangers, voir ceux-ci, sinon abolir tout-à-fait, du moins diminuer, dans une grande et large mesure, les droits qui

---

(1) Voyez pour les traités de commerce mon ouvrage : *Application du nouveau système financier.*

pèsent sur nos produits agricoles, à l'entrée de ces pays.

Par l'abolition de tous ces droits, il y aura plusieurs millions de piastres qui iront encourager, agrandir et développer l'agriculture.

Les intermédiaires obligés étant supprimés, les personnes qui, en ce moment, sont des intermédiaires obligés, et qui ne pourront pas plus tard se faire intermédiaires entre le producteur et l'étranger ou entre le consommateur et l'étranger, c'est-à-dire les personnes qui ne pourront pas vivre dans la libre concurrence, vivre de leur activité, de leur travail, dans ce système où l'activité et le travail sont tout, — les personnes qui ne trouveront pas à s'employer utilement en ville, jetteront les yeux sur les richesses agricoles du pays et les exploiteront.

L'abolition des droits de douanes sur les produits étrangers, portera le consommateur à faire une grande économie dans ses dépenses, économie qui, quel que soit l'emploi qui lui sera donné, profitera encore au travail national.

De sorte que ce système peut se résumer en quelques mots : développement de la production nationale, économie dans la consommation.

Mais le gouvernement, ou mieux l'État, comment suffira-t-il à ses besoins ?

Exploitera-t-il, comme cela se fait, en grande partie, dans plusieurs pays, ses domaines propres pour en employer le revenu aux charges publiques ? — Quels que soient les avantages que ce système peut offrir, je ne l'ai pas en vue, car il contient aussi de nombreux inconvénients, inconvénients qu'un examen attentif peut montrer aux moins clairvoyants.

Mais le gouvernement où prendra-t-il de l'argent, enfin ? — Il le prendra des particuliers, encore des particuliers, mais il le prendra d'eux conformément aux grands principes de la science financière.

Disons, ou mieux rappelons pourquoi le gouvernement doit prendre des particuliers les sommes nécessaires aux dépenses publiques.

—Toutes les fois qu'il y a production, je trouve légitime que le produit net obtenu soit réparti entre tous ceux qui ont contribué à avoir ce produit net : dans le produit net, les travailleurs, les capitalistes, les propriétaires de terres doivent recevoir leur part de rétribution.

Mais les travailleurs, les capitalistes, les propriétaires de terres sont-ils les seuls agents qui ont contribué à obtenir ce produit, par conséquent, sont-elles les seules personnes qui méritent de prélever une part dans ce produit ? — Non.

Supposons pour fixer les idées, que ces travailleurs, capitalistes, propriétaires de terres soient dans une tribu sauvage, des plus sauvages de l'Afrique. — Il est évident que ces producteurs, pour obtenir une utilité quelconque, sont obligés d'ajouter aux dépenses nécessitées pour obtenir ce produit dans un milieu civilisé, une autre dépense. la dépense de surveillance, de garde. Ils sont obligés de le faire, car sans cette dépense. ils ne sont pas sûrs que le produit qu'ils obtiendront sera à eux, dans ce milieu où il n'y a aucune organisation sociale.

Et cette dépense, nos producteurs ne peuvent pas la considérer comme une dépense stérile ; au contraire, ils doivent la considérer comme une dépense essentielle à la productivité de toutes les autres, car ceux qui emploient ou leur temps, ou leurs capitaux, ou cultivent leurs terres dans un pays où une protection et une sûreté efficaces ne sont pas accordées au travail, perdent et leur temps, et leurs capitaux, et leurs peines.

Et dans un pays où l'organisation sociale est telle, que les citoyens, les personnes n'ont pas besoin de veiller eux-mêmes pour que leur travail soit efficacement protégé, l'Etat n'a-t-il pas le droit de venir s'ajouter aux copartageants du produit net, pour prélever sa part de ce produit net, au même titre que ces travailleurs, ces capitalistes, ces propriétaires de terres ?

Et ne vous faites pas d'illusions sur ce point. Si le gendarme que vous voyez passer en ce moment, n'était pas là, beaucoup de personnes se seraient coalisées pour vous enlever ces produits, que vous n'avez eus qu'après un travail des plus pénibles. Et le gendarme, qu'est-il ? — Rien encore.

Le gendarme n'est que la dernière pièce de la grande machine gouvernementale. Outre les gendarmes, il vous faut des juges pour l'ordre intérieur du pays, il vous faut une armée pour vous préserver des attaques venues de l'extérieur, etc.

Mais le gouvernement ne produit pas seulement indirectement, il produit aussi directement. Et il doit même beaucoup produire directement, car dans un jeune pays les idées d'association sont souvent mal comprises et le peuple attend longtemps pour voir s'effectuer les travaux les plus indispensables, les améliorations les plus nécessaires (1).

Oui, le gouvernement produit directement aussi. — S'il n'avait pas fait les routes, vous seriez obligés de les faire vous-mêmes, pour écouler vos produits. — S'il n'avait pas fait les marchés, vous seriez obligés d'en avoir vous-mêmes, pour exposer vos produits.

Ecoutez d'Hauterive : « La conservation assurée de la propriété dans les mains de celui à qui elle appartient, sa mise en valeur, et le libre exercice de l'industrie créent des intérêts et

______

(1) Voyez mon ouvrage : *Application du nouveau système financier* et mon ouvrage : *La grande réforme financière.*

fondent des droits qui seraient sans garantie s'il n'existait une autorité partout présente, partout puissante, partout vigilante et partout habile à reconnaître les justes limites de chaque droit et la juste mesure de chaque intérêt, et partout armée d'une force suffisante pour se faire respecter. Concilier les droits opposés, protéger les intérêts menacés, déterminer la règle des convenances, maintenir l'ordre partout où il est exposé à recevoir quelque atteinte, entretenir la concorde, faire naître la confiance, faciliter le développement des facultés de l'industrie, ouvrir au dedans et au dehors des voies faciles et sûres au mouvement de ses produits, encourager les entreprises, favoriser les associations, assurer les liens qui les unit et l'exécution de leurs engagements, enfin défendre l'État contre les attaques extérieures qui menacent à la fois et les intérêts publics et les intérêts privés, telles sont les obligations, les fonctions et le *travail* de l'autorité qui a la charge d'exécuter les lois et d'accomplir les trois objets pour lesquels elles sont faites.

« Pour effectuer *ce travail public* qui est en même temps coopérateur, protecteur et défenseur de tous les travaux privés, l'autorité publique a une foule d'agences partout actives comme l'industrie, diverses comme ses travaux, comme leurs objets, comme leurs produits, et ces agences éparses comme elle sur tous les points du territoire, forment des hiérarchies qui vont, si je puis ainsi le dire, se superposer sur toutes les hiérarchies de la propriété et de l'industrie, pour leur assurer à toutes le bienfait commun de la protection des lois, et les faire concourir de concert à la prospérité de chacune d'elles et à la prospérité générale de l'État. (Comte d'Hauterive, *Notions élémentaires d'économie politique*, etc., page Xij).

Maintenant que j'ai rappelé que le gouvernement quand il demande l'impôt, ne fait que réclamer la rétribution à laquelle il a droit comme producteur direct et indirect, je vais exposer les grands principes économiques qui doivent guider le gouvernement en matière d'impôt.

# CHAPITRE X.

## EXPLICATION DES RÈGLES EN MATIÈRE D'IMPÔT, etc.

Le père de l'économie politique, Adam Smith a, le premier, formulé les grands principes dont un gouvernement ne doit jamais se départir quand il impose la société à la direction de laquelle il est placé.

Ces grands principes, auxquels on en a ajouté d'autres depuis, se résument en ces quatre mots : *Justice, certitude, commodité, économie.*

*Justcie.* — Les services que toute personne reçoit de l'État, sont au nombre de deux. D'abord, un service égal que chaque personne reçoit, en tant que personne, de la protection sociale. Je dis service égal de protection, car, que l'on soit riche comme Crésus, malheureux comme Job, l'on reçoit de la société la même somme de protection. Ensuite, chaque personne reçoit de la société un service inégal, en tant que détenteur de biens. L'inégalité des fortunes fait que la protection sociale retombe inégalement sur les membres de la nation...

Celui qui n'a que des propriétés valant *cent,* réclame *dix* fois moins de protection, en tant

que détenteur de biens, que celui qui a des propriétés valant *mille*.

Les personnes sont à charge à l'État, ainsi
que les biens ; mais les personnes sont à charge
également toutes, tandis que les biens le sont
inégalement.

Pour que l'impôt soit juste, il faut qu'il retombe également sur les personnes, inégalement
sur les biens ; il faut qu'il se compose d'une
taxe égale par tête ou capitation, et de taxes plus
ou moins fortes suivant les facultés de chaque
membre de la société détenteur de biens.

*Certitude* et *commodité*. — L'impôt ne doit
pas être arbitraire. La société ne doit demander
à ses membres que ce qui est strictement nécessaire pour faire face aux dépenses publiques.
Avec l'impôt arbitraire, le gouvernement peut
prendre des contribuables plus qu'il ne lui en
faut. Il retarde avec l'impôt arbitraire l'accumulation des capitaux, accumulation qu'il doit
favoriser de toutes ses forces et par tous les
moyens.

Une des pratiques suivies par les assemblées
de tous les pays civilisés au vote du budget,
empêche, autant que possible, l'arbitraire dans
les impôts.

Cette pratique consiste à voter d'abord les
dépenses de l'État avant ses recettes. Les dépenses
de l'Etat étant connues, avec un peu de calcul
on arrive à ne voter que la perception des re-

cettes nécessaires. — Le mode de perception de l'impôt doit être le plus simple possible. Le contribuable gagne beaucoup quand il est exempt de toutes les difficultés, de tous les embarras, de toutes les chicanes qui accompagnent parfois la perception de plusieurs impôts. La perception doit être faite dans les circonstances les plus favorables au contribuable. Les prélèvements d'impôt doivent être faits de manière que le contribuable n'en souffre aucunement.

*Économie.* — La perception de l'impôt doit être faite avec le moins de frais possible : les frais de l'impôt sont encore un impôt. Toutes les personnes qui servent au personnel de l'administration financière, toutes les maisons de dépôt des marchandises, toutes les sommes dépensées pour empêcher la contrebande sont dans les frais faits, par le gouvernement d'Haïti, pour la perception de ces quelques millions de piastres, qu'il touche annuellement. S'il pouvait, *cœteris paribus*, percevoir la même somme avec *dix* pour *cent* de frais en moins, le pays paierait *dix* pour *cent* moins d'impôt, et serait allégé d'un fardeau devenu inutile.

Voilà les quatre règles fondamentales en matière d'impôt, règles indiquées, depuis longtemps, par Adam Smith.

A ces quatre règles on en a ajouté bien d'autres. Ainsi, Sismondi a ajouté que l'impôt doit être toujours sur le revenu.

M. Menier a dit, en ces derniers temps, que l'impôt doit être sur le capital.

M. Monthyon, lui-même, a dit que l'impôt doit être moralisant.

Plusieurs économistes ont trouvé les uns, huit règles ; les autres, dix règles ; d'autres encore, jusqu'à douze règles, en matière d'impôt.

Tout en ne restant qu'avec les quatre premières règles formulées par Adam Smith et celle que j'ai formulée plus haut, je trouve que l'administration de la république d'Haïti est en désaccord avec les principes de la science financière :

L'impôt n'est pas également supporté en Haïti par toutes les classes de la société.

Le gouvernement peut percevoir la même somme d'impôt avec des frais moindres.

L'impôt grève trop la production nationale, et entrave, par conséquent, le pays dans sa marche.

Beaucoup d'économistes ont déjà parlé de la règle de Sismondi et de celle de M. Monthyon, je vais parler aujourd'hui de la grande théorie de M. Menier, à savoir que l'impôt doit être toujours sur le capital.

# CHAPITRE XI.

## L'OUVRAGE DE M. MENIER: « THÉORIE ET APPLICATION DE L'IMPÔT SUR LE CAPITAL. »

J'ai feuilleté, moi aussi, le livre de M. Menier. Et je puis dire, maintenant, que ce *jeune* auteur n'a fait que marcher d'erreur en erreur, depuis l'intitulé jusqu'à la table des matières de sa *Théorie et application de l'impôt sur le capital.*

Tout d'abord, qu'est-ce, que M. Menier entend par impôt? — Je ne veux pas vous le dire moi-même, pour ne pas affaiblir, en employant d'autres expressions, la définition déjà si peu forte et si peu nette de l'auteur.

M. Menier répond lui-même: « L'impôt représente la mise en valeur et les frais généraux d'exploitation du capital national. »

— Naturellement, vous ne comprenez pas.

Vous vous étiez plusieurs fois figuré, que quand l'Etat dépensait pour les feux d'artifices, pour les réjouissances publiques, l'impôt, dépensé ainsi, était bien loin *de mettre en valeur le capital national.*

Vous vous étiez plusieurs fois dit, que l'impôt de cinq milliards payé par les contribuables français pour l'indemnité dee Prussiens, n'était pas destiné *aux frais généraux d'exploitation du capital national*.

Pensez, croyez, dites toujours ainsi, vous êtes d'accord avec la logique, avec le bon sens, avec les faits.

M. Menier, lui-même, n'a pas vérifié les faits, qui se passent tous les jours sous ses yeux. Il n'a pas expliqué ces faits. Il ne les a pas commentés.

Il aurait, j'en suis sûr, tiré de cette vérification, de cette explication, de ce commentaire une définition vraie, réelle de l'impôt.

Il a bien mieux aimé s'enfermer dans ses pensées. Et, en s'enfermant *là-dedans*, il a créé toute une série de sophismes économiques :

« De même, dit-il, qu'il n'y a pas deux comptabilités, une comptabilité privée et une comptabilité publique, de même il n'y a pas une manière différente d'administrer une nation ou un syndicat de particuliers, et, pour pousser l'analogie jusqu'à ses dernières conséquences, j'ajoute : un syndicat de particuliers n'administre pas son capital d'une autre manière qu'un particulier.

« Cette analogie étant admise, je suppose que j'ai un capital d'un million. Il s'agit pour moi de faire fructifier ce capital.

« J'en emploie une partie à installer mon

usine, à acheter un outillage, à faire certains travaux : c'est la mise en valeur de mon capital.

« Mais j'ai besoin de représentants à l'extérieur, d'agents d'affaires qui étendent mes relations ou garantissent leur sécurité ; j'ai besoin d'agents à l'intérieur pour régler l'organisation du travail et en surveiller l'exécution : ce sont là les frais généraux que nécessite l'exploitation de mon capital.

« Quelle différence y a-t-il entre les dépenses d'un Etat et celle d'un particulier manufacturier ?

« Est-ce que les services que doit rémunérer l'impôt pour une nation ne sont pas identiques à ceux que doit rémunérer un manufacturier ?

« Là il y a un capital national exigeant une mise en valeur et des frais généraux d'exploitation.

« Ici, il y a un capital individuel, exigeant une mise en valeur et des frais d'exploitation.

« Moi, particulier, je cherche à retirer de mon capital la plus grande utilité possible.

« L'État doit chercher aussi à obtenir la plus grande utilité possible du capital national.

« Cette analogie, poussée jusqu'à son identité nous donne la véritable définition de l'impôt.

« L'impôt représente la mise en valeur et les

frais généraux d'exploitation du capital national (1). »

Voilà comment M. Menier s'est écarté du chemin tracé par Adam Smith.

Il n'a pas voulu suivre le père de l'Economie politique... Ah ! pourquoi ?

Mais M. Menier n'est pas « un disciple novice et soumis de la science économique... » Parlez-lui de son noviciat... Il vous répondra : « Je n'ai jamais commis d'anachronisme en Economie politique... Dès 1855, je m'occupais de la transformation des octrois... J'ai publié, il y a longtemps déjà, des articles en faveur de la liberté commerciale et de la liberté du courtage... » En 1862, dans un rapport sur l'exposition de Londres, relatif à une question spéciale, je disais : « On craint trop la liberté. On ne sait pas assez en France qu'elle offre plus d'avantages que d'inconvénients... »

Voilà pourquoi M. Menier n'a pas suivi le père de l'Economie politique !

Voilà pourquoi M. Menier n'a pas voulu penser comme les hommes éminents qui se sont occupés de cette science après notre immortel Smith !

Mais, M. Menier, en pensant autrement que les autres, n'a pas bien pensé, n'a pas bien raisonné.

Il n'a pas été heureux en définissant l'impôt.

---

(1) Comp. avec le livre de M. Menier, page 86.

Sera-t-il heureux en définissant le capital?

— Toujours la même chance.

— « Pour moi, dit-il, j'appelle travail, l'appropriation des agents naturels aux besoins de l'homme.

J'appelle utilité, tout agent naturel approprié par l'homme.

Toute utilité est un capital.

Le capital d'un particulier est l'ensemble des utilités qn'il possède.

Le capital d'une nation est l'ensemble des utilités qu'elle possède. »

Pour le coup, l'auteur s'est éloigné de toutes les notions économiques admises jusqu'ici.

Jusqu'ici, les économistes, à part quelques contradicteurs isolés, ont fait une distinction entre le *capital* et la richesse. Et c'est ce dernier terme économique que M. Menier confond avec le premier.

Si M. Menier possédait les principes de l'Economie politique, tels qu'il sont exposés, non pas dans les innombrables volumes de cette science, si complexe et si élevée, mais dans les brochures destinées à éclairer les *masses*, jamais il ne lui serait arrivé une telle méprise.

M. Menier aurait lu, dans une des brochures publiées par la librairie Franklin, pour populariser Bastiat, qui fut le grand et sincère ami du peuple :

« Qu'est-ce donc que le capital? Quelle est

son origine? Quelle est sa nature? Quelle est sa mission? Quels sont ses éléments? Quels sont ses effets?

« Les uns disent : « C'est le *sol*, cette source de toute richesse, qui a été accaparé par quelques-uns. » D'autres disent : « C'est l'*argent*, ce vil métal, objet de tant de sales cupidités qui ensanglantent la terre depuis qu'elle est habitée?»

« Assistons à la naissance, à la première formation du capital; c'est le moyen de nous en faire une idée juste. Quand ce héros pacifique éternellement chéri de toutes les générations d'enfants, Robinson Crusoë, se trouva jeté par la tempête sur une île déserte, le besoin le plus impérieux de notre fragile nature le força à poursuivre, au jour le jour, la proie qui devait l'empêcher de mourir. Il aurait bien voulu construire une hutte, clore un jardin, réparer ses vêtements, fabriquer des armes ; mais il s'apercevait que, pour se livrer à ces travaux, il faut des matériaux, des instruments, et surtout des provisions, car nos besoins sont gradués de telle sorte qu'on ne peut travailler à satisfaire les uns que lorsqu'on a *accumulé* de quoi satisfaire les autres. Eût-il vécu pendant l'éternité tout entière, jamais Robinson n'aurait pu entreprendre la construction d'une hutte ou la confection d'un outil, s'il n'avait préalablement mis en réserve ou épargné du gibier ou du poisson.

« C'est pourquoi il se disait souvent : Je suis le plus grand propriétaire du monde, et le plus misérable des hommes. Le sol n'est pas pour moi un *capital*. J'aurais sauvé du naufrage un sac de louis que je n'en serais pas plus avancé, l'argent ne serait pas pour moi un capital. Mon travail unique et forcé c'est la chasse. La seule chose qui pourrait me permettre de passer à d'autres occupations ce serait de prendre chaque jour un peu plus de gibier qu'il ne m'en faut pour la journée, et d'avoir ainsi des provisions. Pendant que je vivrais sur ces provisions, je pourrais fabriquer des armes qui rendraient ma chasse plus productive, me permettraient d'augmenter mes provisions, et mettraient mon temps en disponibilité pour des travaux de plus longue haleine. Je vois bien que le premier des capitaux, ce sont les *provisions*, le second, les *instruments*.

« Matériaux, instruments, *provisions*, voilà le capital de l'homme isolé. trois choses sans lesquelles il est enchaîné à la poursuite de la pure subsistance, trois choses sans lesquelles il n'y a pour lui ni travail ultérieur, ni par conséquent progrès possible, trois choses qui supposent que sa consommation a pu être moindre que sa production ; qu'une réserve, une épargne réalisée.

« Et voilà aussi, pour l'homme en société, la vraie définition du capital. Le capital d'une nation, c'est la totalité de ses matériaux, provisions et instruments (1). »

Ainsi M. Menier dit que le capital est *toute utilité*, tandis que les économistes reconnaissent que le capital, c'est : *l'épargne destinée à la reproduction.*

Mais M. Menier ne tient pas beaucoup à sa définition du capital ; et la bonne raison qu'il nous en donne, c'est qu' « il y a tel économiste qui, en trois pages, varie trois fois d'opinion sur les caractères distinctifs du capital. »

Pourquoi, alors, a-t-il donc tant frappé les oreilles avec le titre pompeux et retentissant de son livre ? — C'est que le titre de M. Menier cache une formule à double entente, comme qui dirait *démocratiquement jésuitique.*

Gros public, foule ignorante, je vous vois bien au bruit de cette grosse caisse !

M. Menier ne tient pas beaucoup au titre de son livre, à la définition du capital. Il est même prêt à renoncer, dit-il, à ce titre. Mais va-t il cesser de provoquer des agitations autour de son dangereux système fiscal ? Va-t-il cesser ses conférences ? — Ecoutez ce qu'on nous dit là-dessus :

« M. Menier a fait beaucoup de bruit autour de son système d'impôt, il a couvert d'affiches

---

(1) Comparer *Capital et Rente*, par Bastiat, pages 167 et suiv.

à ce sujet les moindres communes de France, il a envoyé des centaines de mille de prospectus à tous les commerçants ; il a fait dans une foule de villes des conférences où il avait principalement pour auditeur les ouvriers et les petits marchands.

« Il a recueilli parfois des applaudissements de la part d'un auditoire qui s'imaginait que M. Menier voulait taxer la richesse et épargner le travail.

« Combien cet auditoire était dans l'erreur ! M. Menier épargne tous les rentiers, tous les créanciers hypothécaires et chirographaires, tous les obligataires, tous ceux que l'on est convenu d'appeler les oisifs ; il n'a de rigueur que « *pour les instruments de travail.* »

« Peut-être M. Menier a-t-il fait à Lyon une conférence ; à coup sûr, s'il en a fait une, il y a été applaudi, mais c'est que M. Menier n'a pas été compris . . . . . . . . . . . . . . . . . . .
. . . . . . . . . . . . . . . . . . . . . . .

« Comment se fait-il que M. Menier ne s'aperçoive pas de toutes ces inconséquences ? Il croit avoir inventé un impôt sur la richesse ; en réalité ce qu'il nous propose, c'est un impôt sur les instruments de travail, qui épargne tous les capitalistes oisifs et les classes les plus riches des commerçants. Hélas ! le cas de M. Menier s'explique facilement. Avec les meilleures intentions du monde, il s'est mis à s'occuper d'une science qui était nouvelle pour lui ; la connaissant encore imparfaitement, il s'est emparé d'une formule qui lui a paru heureuse ; il a fait beaucoup de bruit antour d'elle ; il lui en coûte aujourd'hui de reconnaître que cette formule ne résiste pas au moindre examen.

« Nous rappellerons à M. Menier un proverbe du moyen-âge, dont la première partie seulement est très-connue : *Errare humanum est ; in errore autem perseverare, diabolicum ;* ce que nous traduisons par ces mots : « Se tromper est un péché véniel, mais persévérer dans une erreur constatée, c'est un péché mortel (1). »

Outre que notre manufacturier n'a pas voulu penser comme les maîtres de la science économique, mais, parfois, il les fait parler à sa manière.

Ainsi dans son livre, il nous dit :

« La valeur n'est pas préexistante à l'homme, indépendante de lui, elle n'existe que par rapport à lui.

« Les choses appropriées par l'homme n'ont que de l'utilité. Les rapports seuls des hommes entr'eux leur donnent de la valeur.

« On ne trafique pas, on ne marchande pas avec les agents naturels. Les hommes ne trafiquent qu'entr'eux ; la valeur est un rapport humain.

---

(1) Voyez l'*Economiste* d'avril 1875.

9

« Ainsi Rossi (tome I, chap. III), reprenant la définition de Smith, se trompait en disant : « Un objet est-il propre à satisfaire nos besoins ? Il y a là une valeur. »

« Non, il y a là une utilité. C'est l'échange qui détermine la valeur.

« J'ai soif. Voici de l'eau. Je ne paie rien à la nature pour me désaltérer. Je ne paie que si cette eau est possédée par quelqu'un.

« Tout service humain se compose de trois éléments :

1° Les agents naturels qui ont servi à le rendre ;

2° L'effort qu'il a nécessité ;

3° Le besoin qu'avait de ce service celui à qui on l'a rendu ; car tout service implique un besoin.

« La valeur est le rapport de l'utilité possédée par un homme au besoin d'un autre homme (1). »

Il y a deux sortes de valeur : la valeur en usage et la valeur en échange.

Si Rossi a parlé de la valeur dans les termes que M. Menier vient de rapporter, c'est que Rossi parlait de la valeur en usage.

Mais Rossi, en parlant de la valeur à laquelle M. Menier fait allusion dans les lignes citées plus haut, de la valeur en échange, dit : « La

---

(1) Comparer op. déjà cité, page 439.

valeur n'est autre chose que l'utile dans sa relation spéciale avec la satisfaction de nos besoins.

« L'utilité, en tant que source de la valeur, peut être directe ou indirecte. Je l'appelle directe, lorsqu'elle est fondée sur la possibilité d'une application immédiate des choses à la satisfaction de nos besoins : telle est la valeur d'un pain pour l'homme qui a besoin de manger. J'appellerai indirecte l'utilité des choses qui ne sont pour nous qu'un moyen de nous procurer ce qui est propre à satisfaire des besoins qu'elles ne peuvent satisfaire elles-mêmes. Un homme possède deux morceaux de pain : avec l'un, il apaise sa faim ; l'autre, il le donne, pressé par le froid, en échange de quelques sarments.....

« ..... J'ai dit un morceau de pain, parce qu'il faut un objet transmissible, et toutes les choses utiles ne le sont pas. Il y a plus, il ne faut pas que ce soit une chose que l'autre personne puisse se procurer sans aucun sacrifice, car il ne prendrait pas la nôtre. Les choses qui existent en *quantité indéfinie, à la disposition de tout le monde, ne sont pas matière d'échange ;* nul n'en manque.....

« Ainsi, pour que l'échange ait lieu, le concours de certaines circonstances est nécessaire ; cela suppose des deux côtés *possession, volonté de se dessaisir, envie et moyens d'avoir ce*

*qu'un autre possède. Supprimez l'une de
ces données, il n'y a pas d'échange........*
..............................................

« Mais toujours est-il que les choses s'appliquent à nos besoins d'une manière indirecte.

« Avec Adam Smith, j'appelle la première espèce d'utilité, valeur en usage, puissance de satisfaire immédiatement nos besoins ; la seconde, je la nomme valeur en échange, puissance de nous procurer par le troc, des choses qui puissent satisfaire immédiatement nos besoins (1). »

Mais où notre manufacturier est tout-à-fait amusant, c'est lorsqu'il prend un ton de maître pour dire des vérités économiques aussi vieilles que la science économique même.

Il a eu la prétentiou d'avoir découvert qu'il y a *des capitaux fixes et des capitaux circulants.*

Et vous vous rappelez bien que Smith, dans son ouvrage, nous en avait parlé.

Je viens de lui apprendre comment Rossi définissait la valeur en échange ; et je serais disposé à lui apprendre que Smith avait déjà fait la distinction des capitaux fixes et des capitaux circulants, si un économiste ne le lui avait déjà appris. Cet économiste, en lui faisant la leçon, a aussi dit (2) :

---

(1) Comparer. Rossi, 1ᵉʳ volume, page 50.
(2) M. Joseph Garnier.

« Il se peut que M. Menier fasse autrement la répartition du capital que le grand économiste : mais il n'en doit pas moins s'incliner devant le maître qui faisait cette distinction il y a cent ans. »

Alors, M. Menier a été obligé d'avouer le petit péché, mais, en avouant un petit péché, il en commet un autre : « Si, a-t-il répondu, je n'ai pas la prétention d'avoir découvert qu'il y avait des capitaux fixes et des capitaux circulants, j'ai la prétention d'avoir substitué aux incertitudes, aux équivoques, aux tâtonnements antérieurs, une règle fixe, un criterium certain pour reconnaître les capitaux fixes des capitaux circulants (1). »

Ce ton de maître, il le prend encore pour dire les choses les plus simples, les plus généralement admises :

« Plus on observe les choses commerciales, dit M. Juglar, depuis que l'on possède des relevés officiels de la situation des banques en France, en Angleterre et aux Etats-Unis, c'est-à-dire depuis le commencement du siècle, plus on demeure convaincu que leur marche, leurs accidents deviennent de plus en plus solidaires, et que, dès qu'un embarras se fait sentir d'un côté

______

(1) Et quel criterium, mon Dieu. a-t-il substitué aux incertitudes, aux tâtonnements ! Mais il a une bonne excuse : *un excès de lumière est un excès de nuit.*

ou de l'autre de l'Atlantique, il est rare qu'il ne réponde pas du côté opposé.

« Mais si une crise, qui n'est qu'un arrêt dans la circulation, produite par des causes que nous n'avons pas à étudier en ce moment, provoque une telle répercussion d'un bout à l'autre du monde, qu'est-ce donc lorsque la crise se reproduit immédiatement tout à côté de vous, chez nous-mêmes et lorsque cette crise n'est pas seulement momentanée, intermittente, mais perpétuelle, sans discontinuité, et tend chaque jour à s'aggraver ?

« Eh bien, c'est le résultat auquel arrivent nos impôts. Ils provoquent une crise, non pas seulement périodique, mais une crise permanente.

« D'un côté, les producteurs s'essaient par tous les moyens possibles d'augmenter la rapidité de la circulation : on construit des routes, des ponts, des canaux, des chemins de fer, des télégraphes : le génie humain se consume en inventions qui mettent toutes les forces naturelles à portée de la main de l'homme. Il invente le commerce : il arrive à triompher du temps à l'aide du crédit.

« C'est alors que le fisc intervient et dit: Vous avez compté sans moi. Je me mets en travers de cette circulation. Je lui impose mon *veto*. Je la frappe d'arrêts multiples, sous toutes les formes. J'ai un frein pour chaque rouage. Vous voulez produire : vous ne produirez qu'avec ma permission, après avoir subi les arrêts qu'il me plaît de vous imposer.

« Le travailleur, l'industriel, le commerçant tirent d'un côté : le fisc tire de l'autre. Dans cette lutte, la production s'arrête, et des deux côtés on s'épuise en efforts pour arriver à l'immobilité et à la ruine.

« Un mécanicien chauffe sa machine à toute vapeur, et il serre les freins. — Cet homme est fou, dira-t-on, il use sa machine, il use ses rouages, il dépense du charbon, et cela pour ne produire aucun effet utile, et au risque de tout briser.

« Que fait le fisc, cependant, quand il frappe la circulation ? Il agit absolument comme ce mécanicien.

« Et alors il se trouve des gens graves, sérieux, qui passent pour des hommes profonds ; et ces gens graves, sérieux, ces hommes profonds, déclarent que c'est le seul moyen de faire avancer la production nationale.

« C'est pourquoi je n'hésite pas à poser à nos financiers, à nos hommes d'État, le dilemme suivant :

« Voulez-vous tuer le pays ? Voulez-vous arrêter son essort ? Voulez-vous arrêter sa production, empêcher l'augmentation de son capital fixe ? Est-ce son appauvrissement progressif que vous ambitionnez ? S'il en est ainsi, votre moyen est simple : frappez la circulation !

« Voulez-vous. au contraire, qu'il se relève ? Voulez-vous qu'il se fortifie ? Voulez-vous que son industrie et son commerce augmentent ?

« Dans ce cas, épargnez la circulation et ne frappez que la richesse acquise (1).

« Nous posons donc en principe absolu : l'impôt ne doit jamais entraver la circulation ? »

— Oui, l'impôt ne doit pas *entraver* la circulation. Mais peut-on établir des droits sur la circulation ?

M. Menier a oublié de prouver que tout impôt de consommation entrave la circulation. J'aurais été très-heureux de voir notre auteur faire cette preuve, car je suis de ceux qui croient fermement, qu'après *une étude sérieuse* des matières de consommation, on peut arriver à frapper ces objets d'un droit d'importation, qui ne paralyse pas la production, et n'empêche pas l'augmentation des capitaux fixes (2).

Remarquons aussi que, si M. Menier ne veut pas paralyser indirectement la production, il n'hésite pas à la paralyser directement en imposant fortement les instruments de travail, c'est-à-dire les agents indispensables de la production.

---

(1) Un drôle de dilemme tout de même. Mais l'auteur peut n'avoir pas fait ses classes.

(2) Comparer avec le chapitre intitulé *Douanes* de notre livre : *Application du nouveau système financier.*

Décidément, M. Menier, en économie politique, n'est pas d'une conviction solide ; décidément, il n'y a aucune liaison entre les idées émises par l'auteur.

Encore peu de concordance dans les appréciations de M. Menier. L'auteur ne veut imposer que le sol, les mines, les constructions, les machines, les outillages, les marnes, les voitures, les animaux servant à l'exploitation, les ustensiles de ménage, les meubles, les objets d'art. — Et les talents, les capacités acquises, qui sont des capitaux, et les meilleurs encore, pourquoi ne pas les imposer ?

— Mais l'auteur ne sait peut-être pas que ce sont des capitaux.

Et en quels termes notre économiste parle-t-il de l'impôt personnel ?

— « Ce n'est pas l'homme, l'individu que doit saisir le fisc ; il n'a pas plus à s'en inquiéter que l'État ne doit avoir à s'inquiéter de ce qu'il pense et de ce qu'il fait. L'État n'a pas à regarder l'homme d'un œil jaloux, à le poursuivre et à le persécuter, sous prétexte qu'il faut que chacun paie.

« Cela ne regarde pas l'État. En dehors de la personne humaine, il y a des choses ; ce sont ces choses, ces intérêts, qui constituent la fortune d'une nation. Les individus en sont détenteurs, mais ils ne sont pas incorporés à la chose, ils en sont complètement séparés, et leur personne doit être en dehors.

« Deux commerçants font un contrat pour un échange de *choses* qu'ils livrent ; quant à leur personne, elle en est complètement distincte. L'intérêt n'est pas personnel, il ne porte que sur un objet matériel.

« *L'homme n'a pas à payer son péage dans la vie ;* il n'a pas à payer comme homme ; il ne doit payer que pour la partie de la fortune nationale qu'il détient.

« L'impôt ne doit pas connaître l'homme. Seulement, il y a une fortune nationale à mettre en valeur. Il faut bien prendre une part de ce capital pour l'exploiter, pour le développer, pour le protéger, pour l'administrer. Alors l'Etat demande cette part.

« Cette fortune est détenue par des millions de personnes. C'est sans doute par l'intermédiaire de ces personnes que le fisc perdra cette part. Mais ces personnes ne doivent être que des instruments de perception. Elles doivent payer une part proportionnelle à la partie de la fortune publique qui est en leur possession. Mais ce n'est pas parce qu'elles existent qu'elles paient, c'est parce qu'elles possèdent les choses.

« .......... L'impôt doit être prélevé sur la chose, jamais sur l'homme. »

— Quelle critique ! Quel blâme adressé à presque tous les Etats modernes.

Beaucoup de gens n'avaient pas entrevu qu'en s'acquittant des taxes personnelles, *ils payaient leur péage dans la vie*, leur droit de vivre, chose grave !

Je suis de ceux-là.

J'ai toujours pensé et je pense encore, malgré la dissertation philosophico-économique de notre auteur, que les impositions personnelles ne sont pas un droit de péage.

Curieux droit de péage, en effet, que ce droit qui, dans aucun pays, ne frappe pas tout le monde.

Dans tous les pays, les taxes personnelles ne frappent pas les indigents, les mineurs, etc.

Le recensement des populations est fait dans tous les pays civilisés. Quel impôt plus commode que l'impôt sur les personnes une fois le recensement fait.

Ce qui a induit notre moraliste en erreur, c'est sa définition de l'impôt.

Les gouvernements ne s'occupent pas seulement de la garantie des propriétés, ils s'occupent encore de la garantie des personnes....

Trop de morale, M. Menier, trop de morale !... Gros public, foule ignorante, je vous vois bien au bruit de cette caisse....

Jusqu'ici, pour combattre les idées de M. Menier, je n'ai fait que les mettre devant la logique, devant le bon sens. Et ces idées ont disparu devant la logique, devant le bon sens, telles que ces corps qui, créés dans le cerveau des chimistes, ne peuvent soutenir le contact de l'air.

J'oppose, maintenant, M. Menier à lui-même :

A la page 435 de son livre, M. Menier parle du rapport (1) de M. Goudchaux, l'ancien ministre de 1848, et ajoute :

« Puis M. Goudchaux introduit dans le projet de loi l'idée fausse que le régime fiscal doit favoriser et protéger telle ou telle production plutôt que telle autre, régler et déterminer l'action des capitaux. Il dit que la France est un pays agricole, qu'il faut favoriser l'agriculture et que l'un des moyens à employer pour réaliser ce but, c'est de forcer à reporter sur l'agriculture une partie des capitaux qui vont rechercher dans les opérations industrielles une immunité contre l'impôt. »

Mais M. Menier avait déjà dit, en parlant des droits de consommation :

« Si nos législateurs avaient été habiles, ils eussent eu soin de dégrever les cafés en chargeant les sucres.

« Le café entraîne la consommation du sucre.

« De même pour le thé. On compte qu'un kilogramme de thé entraîne la consommation de 10 kilogrammes de sucre.

. . . . . . . . . . . . . . . . . . . . . . . . . . . . . . . . .

Mais de plus, le sucre n'est pas seulement un objet de consommation, il est encore une matière

---

(1) Voy. *Moniteur* 1848, 2ᵉ semestre, pages 2126, 2128.

première pour la fabrication du chocolat. On a frappé le cacao comme on a frappé le café ! (page 363).

Les droits sur le café et sur le cacao sont aussi une cause de ruine pour la marine marchande. Laissez entrer librement les cafés et les cacaos : nos navires vont les chercher et en échange portent quoi ? des produits français. Ces droits qui nuisent à notre industrie intérieure, restreignent notre consommation, sont donc funestes encore pour notre commerce d'exportation.

C'est la première fois que je trouve une idée bonne, une idée pratique dans l'ouvrage de M. Menier.

Cela repose : arrêtons-nous.

A coup sûr vous m'en voudriez, si je continuais à mettre devant vos yeux les principes erronés, les idées fausses, en un mot, les trivialités économiques exposées dans les 800 pages de notre *très-jeune* auteur. Mais il faut remarquer que cette idée est la même que celle soutenue par M. Goudchaux.

Il faut remarquer que M. Menier n'a fait que répéter, comme M. Goudchaux, « que le régime fiscal doit favoriser et protéger telle ou telle production plutôt que telle autre.

— Et M. Menier n'avait pas remarqué qu'en combattant M. Goudchaux, il se combattait lui-même? M. Menier n'avait pas vu cela? — Non! Il y a tant de choses dans le monde économique, que notre manufacturier ne remarque pas, ne voit pas!

. . . . . . . . . . . . . . . . . . . . .

# CHAPITRE XII.

## DE L'IMPÔT PERSONNEL.

Le premier genre d'impôt qui a frappé les gouvernements, est l'impôt assis sur les personnes. L'État accordant une égale protection à tous ceux qui habitent son territoire, le législateur a pensé que, lorsque l'État prélevait une taxe sur chaque tête, il s'indemnisait, en quelque sorte, de la garantie dont il fait jouir les habitants du pays.

L'impôt personnel a déjà disparu dans plusieurs pays. Ainsi la *polltax* et le *hoofdgeld*, dénominations sous lesquelles on a désigné l'impôt personnel en Angleterre et en Hollande, n'existent plus.

Mais, dans d'autres contrées, l'impôt personnel est bien loin de disparaître, soit parce qu'il y constitue une des meilleures ressources du fisc, soit parce qu'il est encore une des conditions de la vie politique de chaque membre de ces contrées.

L'impôt personnel n'est pas assis de la même manière dans tous les États.

Dans les uns, il a une certaine relation avec le revenu de chaque catégorie d'habitants, sans prendre immédiatement ce revenu pour base.

Dans d'autres, l'impôt personnel prend le revenu pour base, et a la forme d'un impôt de répartition.

Dans d'autres encore, cet impôt se confond avec d'autres impôts.

Dans les pays tels que la Prusse, les Cantons suisses, l'Italie où la capitation est graduée, c'est-à-dire a certaine relation avec le revenu de chaque catégorie d'habitants, des résultats si excellents sont obtenus par le fisc, que l'on serait porté à admirer ce système de capitation, s'il n'était basé sur l'arbitraire le plus absolu et le plus illimité.

Examinons cet impôt en Prusse, où il est une des premières ressources de l'État.

La capitation s'applique, en Prusse, à tous les contribuables ayant moins de 1,000 thalers ou 3,750 francs de revenu. Les personnes qui possèdent un revenu plus élevé, paient un impôt s'appliquant directement au revenu.

La capitation graduée (*classensteuer*) a été établie en Prusse en 1820.

Les habitants de la Prusse sont considérés divisés en trois classes pour cette capitation.

Dans la première classe, il y a les travailleurs salariés, les ouvriers, domestiques et journaliers, etc.

Cette classe est divisée, elle-même, en trois échelons. Les individus du premier échelon de cette première classe, paient 2 silbergos 3 deniers (0 fr. 28 c.); — les individus du second échelon, paient 5 silbergos (0 fr. 62 c.); — les individus du troisième échelon, paient 7 silbergos 6 deniers (0 fr. 93 c.) *par mois.*

La deuxième classe comprend les petits propriétaires et les industriels ou fermiers, les salariés autres que les journalistes, les fonctionnaires, les médecins.

Cette seconde classe est divisée, elle-même, en cinq échelons :

Les individus du premier échelon paient 1 fr. 25; — ceux du second 1 fr. 56; — ceux du troisième 1 fr. 87; — ceux du quatrième 2 fr. 50; — ceux du cinquième 3 fr. 12 par mois.

La troisième classe comprend les individus d'une situation supérieure, mais dont les revenus n'atteignent pas 1,000 thalers ou 3,750 fr. Cette troisième classe, elle-même, comprend trois échelons :

Les individus du premier échelon paient 3 fr. 75; — ceux du second échelon paient 5 francs; — ceux du troisième échelon paient 6 fr. 25; — ceux du quatrième échelon paient 7 fr. 50 par mois.

Les individus qui subissent cette capitation graduée, sont ceux qui, ai-je déjà dit, ne paient pas directement l'impôt sur le revenu (*Einkommensteuer*).

Le total de ce dernier impôt a atteint jusqu'ici un chiffre moindre que le total de la capitation graduée.

Ainsi, en 1875, la capitation graduée s'élevait à la somme de 41,500,000, et l'impôt sur le revenu, à la somme de 28,000,000 marcs.

L'on doit bien voir, par cette première somme, toute l'importance de la capitation graduée en Prusse, mais je ne saurais admettre ce système qui ne peut se maintenir que par une oppression des plus tyranniques.

Il faut voir, maintenant, la capitation de répartition qui est assise sur le revenu.

C'est en Russie qu'on la trouve, principalement, cette capitation.

Cette capitation se prélève sur tous *les mâles des paysans et des classes communes du tiers-état*.

Mais de même que les 33 principales villes de la Prusse ne sont pas assujetties au classensteuer et paient une taxe de mouture et d'abattage (*Mahl und schlachsteuer*) ; de même, en Russie, la plupart des communes convertissent l'impôt personnel en un impôt sur la fortune et le revenu. Ces communes prennent, elles-mêmes, de chaque tête une égale quote-part, et font supporter par les richesses les sommes qu'elles ne peuvent obtenir de chaque tête.

Les bourgeois paient 2 roubles, 29 copecks argent par âme mâle, et 9 copecks argent pour les réparations des chemins vicinaux. Les ouvriers libres 2 roubles et les mêmes 9 copecks. Les paysans 86 copecks argent et les mêmes 9 copecks.

L'impôt personnel existe aussi en France, mais comme accessoire de l'impôt mobilier. Établi par la Révolution, l'impôt personnel comprend trois journées de travail, évaluées par chaque conseil départemental.

La journée de travail ne peut être au-dessous de 0 fr. 50, et au-dessus de 1 fr. 50 : de sorte que la contribution personnelle, en France, ne descend jamais au-dessous de 1 fr. 50 et ne monte jamais au dessus de 4 fr. 50.

Cette contribution personnelle est due par chaque habitant français (1) et par chaque étranger de tout sexe jouissant de ses droits et non indigent. Le mineur émancipé et le mineur qui a des moyens d'existence paient aussi la contribution personnelle.

De même qu'en Prusse et en Russie, il y a, en France, des communes où la contribution personnelle est payée par les caisses communales. Mais, à la différence de ce qui se fait en Russie et en Prusse pour le prélèvement de ces impôts payés par les caisses communales, *ces taxes rédimées*, en France, sont prélevées sur les produits de l'octroi.

---

(1) La taxe en Prusse est levée par ménage *(Haushaltung)*.

— Je demande aussi l'établissement d'un impôt personnel à Haïti.

Cet impôt sera payé par chaque Haïtien majeur de tout sexe.

Le mineur émancipé, le mineur même non émancipé ayant des moyens propres d'existence, y seront assujettis.

Quant à l'individu classé par le conseil communal parmi les indigents, je l'exempte de cet impôt pour certains motifs de charité bien entendue, qui doivent trouver leur place même dans la science financière. Ces motifs de charité ont toujours été écoutés. Ainsi, en Angleterre, pendant longtemps, on a eu la *taxe des pauvres.* Si le législateur n'exempte pas l'individu *reconnu indigent* par les autorités locales, il portera dans le budget des sommes qui ne rentreront jamais dans les caisses de l'État, puisque l'individu reconnu indigent ne vit que de la charité publique.

Cet impôt personnel doit frapper, aussi, les étrangers qui résident à Haïti.

Je n'entre pas, *quant à présent,* dans les mesures que le gouvernement doit prendre pour avoir le meilleur recensement des individus, qui doivent payer l'impôt personnel ; mais il est évident que, s'il assujettit les contribuables à faire, eux-mêmes, les déclarations nécessaires devant l'autorité compétente, le gouvernement pourra, assurément, éviter quelques-unes des peines inhérentes, en général, aux recensements.

C'est à lui à trouver les moyens les plus propres à donner un recensement exempt de fraudes. L'impôt personnel ne doit pas être très élevé, parce que cet impôt, atteignant presque tout le monde, pèserait trop sur les classes qui ne possèdent qu'un petit revenu.

Supposons que les individus, qui doivent, après la détermination du recensement, payer l'impôt personnel à Haïti, soient au nombre de 300,000, le gouvernement, par une taxe annuelle de 4 piastres seulement par tête, obtiendra la somme de un million deux cent mille piastres (P. 1,200.000) ; les deux tiers de la somme que donnent les droits d'exportation.

La taxe est payable pour chaque année. Si l'individu taxé vient à mourir, sans avoir acquitté sa taxe, le gouvernement prendra la somme de 4 piastres sur ceux qui seront appelés à ses biens : « Ubi successionis est emolumen- « tum, ibi et onus esse debet. »

J'ai dit plus haut, en énonçant les règles constitutives de l'impôt, que l'impôt doit être *commode.*

Le gouvernement pourra, dans la perception de cette taxe de 4 piastres, ne pas s'écarter de cette règle.

Sans doute, la majorité des contribuables aimera bien mieux, le recensement fait, aller, à l'époque voulue, déposer au bureau désigné à cet effet, cette somme de 4 piastres ; mais combien ne pourront le faire, sans se priver de beaucoup de choses. Cette somme de P. 1,200,000, n'étant destinée qu'aux dépenses mensuelles de l'Etat, ne doit pas être perçue *entière* au commencement de l'année budgétaire, pour ne pas rester presqu'inutile, dans les caisses de l'Etat, pendant le reste de l'année.

Le gouvernement déclarera que ses agents n'ont le droit de demander au contribuable que le quart de la somme, et ce, de trois mois en trois mois. Alors, la perception annale deviendra trimestrielle. Et les contribuables peu aisés sentiront moins ainsi le poids de l'impôt.

J'ai fini avec l'impôt personnel qui doit remplacer, en partie, les droits d'exportation, dont je demande la suppression entière et radicale.

L'impôt personnel n'est pas admis, dans beaucoup de pays, seulement au point de vue économique ; il y est encore admis au point de vue politique.

L'expérience de plusieurs peuples a prouvé que parfois les individus qui n'avaient pas grand'chose, ne tendaient qu'à troubler les sociétés auxquelles ils appartiennent, afin d'arriver à se faire une position quelconque, au détriment de ceux qui, par un travail honnête, ont pu obtenir certaine aisance, certaine fortune.

Dans beaucoup de pays, pour paralyser cette funeste inclination des désœuvrés, il a été décidé que la participation à la vie politique ne serait accordée qu'à ceux qui s'acquittent d'abord de l'impôt personnel.

En France, l'Assemblée nationale constituante avait décrété, en 1789, que le rôle de citoyen actif ne pouvait appartenir qu'à celui qui avait 1° payé la contribution personnelle, etc...

Dans plusieurs Etats de l'Amérique, les électeurs se trouvent parmi ceux qui ont payé la contribution personnelle : dans l'Etat de Massachusset, le droit de suffrage n'est accordé qu'à ceux qui paient 2 dollars de contribution.

« Il faut établir l'impôt personnel à Haïti (1). »

---

(1) Pour les détails, l'on verra mon ouvrage : *Application du nouveau système financier*.

# CHAPITRE XIII.

## DE L'IMPÔT FONCIER.

L'impôt sur les personnes a été, à l'origine, très-élevé ; mais, l'expérience venant, les législateurs ont trouvé que l'élévation de l'impôt déterminait certains troubles dans la société. Et ces troubles, ils pouvaient les diminuer et les faire disparaître par une diminution dans le taux de la capitation.

Une des premières ressources auxquelles ils eurent recours pour la diminution du taux de la capitation, fut l'impôt sur les richesses.

Pourquoi, en effet, imposer seulement les personnes, quand les terres consacrées à l'agriculture, quand les constructions, quand les richesses reçoivent aussi de la société, une protection efficace et une garantie réelle.

L'impôt sur les richesses a suivi de si près l'impôt sur les personnes, qu'il est presque impossible de marquer les époques précises où le premier existait tout-à-fait seul.

L'impôt sur les richesses a des manières diverses de perception. Tantôt, il est perçu directement ; tantôt, indirectement.

Dès le quatorzième siècle, en France, l'impôt

indirect devient permanent, mais l'impôt direct ne le fut qu'au quinzième siècle, à la suite de la guerre de cent ans.

L'impôt du sel, appelé gabelle (1), fut le premier qui devint permanent.

Beaucoup de systèmes, qui, en ce moment, n'ont qu'une importance historique, ont eu lieu sur l'impôt des richesses.

Avant 1789, les impôts perçus directement sur les richesses, s'appelaient en France : *tailles, vingtièmes, dîmes, corvées*.

La *taille* a existé depuis le treizième siècle (2). Elle était réelle et personnelle.

La taille était dite réelle, quand sa répartition était faite proportionnellement aux évaluations cadastrales et que les exemptions étaient accordées aux biens nobles, abstraction faite de la qualité du possesseur de ces biens.

La taille était personnelle, quand la part contributive de chaque contribuable était fixée d'une manière arbitraire et que les exemptions accordées ne l'étaient qu'en considération de la personne, noble ou ecclésiastique, qui détenait les terres.

---

(1) Gabelle vient de *gaben*, mot qui veut dire donner. Sous les Germains, l'impôt ne consistait que dans *des dons volontaires*.

(2) M. de Valroger, dans son cours, a prouvé que la taille existait déjà à cette époque. Quant à ceux qui persistent à croire que la taille n'est arrivée que plus tard en France, je leur réponds, avec ce savant professeur : « Les choses sont plus anciennes que les mots. »

La taille réelle existait principalement dans les pays de droit écrit, où l'usage du *compoix* prédominait. La taille personnelle, dans les pays de coutumes.

La taille n'était pas seulement réelle et personnelle. Il y avait encore la taille d'exploitation et la taille d'occupation.

La taille d'exploitation portait sur les propriétés bâties destinées à l'habitation et correspondait au revenu du propriétaire. La taille d'occupation, au contraire, correspondait au revenu du fermier.

La taille était un impôt de répartition et se percevait par *fouages*.

La taille constituait un lourd impôt pour les classes roturières. Cet impôt pesait sur chacun, non en proportion de ses facultés, comme l'exige l'équité, mais en proportion de l'envie et de la jalousie que le contribuable excitait.

L'impôt des *vingtièmes* consistait dans la vingtième partie des revenus mobiliers et fonciers de chaque contribuable. Tout le monde était soumis à cet impôt : les nobles, les ecclésiastiques et les roturiers. Je rappelle que la taille ne frappait que les roturiers seulement. Cet impôt appelé vingtième était appliqué dans l'empire romain ; mais il ne frappait que les successions testamentaires ou légitimes, excepté celles qui étaient échues à des *sui here-des* (1).

Cette *lex vicesima hereditatum*, établie par Auguste sur les successions, fut abrogée par Antonin Caracalla (2). Cet empereur changea l'impôt du vingtième en dixième, et appliqua cet impôt, non plus à quelques-uns, mais à tous les habitants de l'empire romain.

*Les dîmes* — étaient un prélèvement en nature fait au profit des bénéficiaires ecclésiastiques qui devaient en retour pourvoir au service divin. Ce prélèvement, quelquefois même, était fait au profit de certains seigneurs laïques : les premiers prélèvements étaient appelés dîmes ecclésiastiques ; les seconds, dîmes inféodées.

La dîme était établie sur les produits bruts du sol.

*Les corvées* — étaient des prestations dues pour le service du seigneur, pour les chemins locaux et pour les routes royales. Les corvées étaient ou réelles, ou personnelles, ou mixtes.

Les *réelles* étaient dues par le fonds, indépendamment du propriétaire du fonds.

Les *personnelles* pesaient sur les personnes, indépendamment du fonds.

Les *mixtes* tenaient aux fonds, mais à raison des personnes qui les possédaient.

---

(1) Voy. Accarias, *Droit Romain*, 1er vol., page 1014, n° 414.

(2) Voy. Loi 17, *De statu hominum*, Dig., Ulpien.

Les corvées furent supprimées en 1776 ; et Turgot prit une grande part dans leur suppression.

Après cet exposé des systèmes qui eurent lieu sur les impôts directs avant 1789, passons aux diverses théories qui se sont succédé sur les impôts directs.

La première de ces théories est celle des physiocrates.

La théorie des physiocrates eut cours un peu après le milieu du siècle dernier.

C'est Dupont de Nemours qui, le premier, en 1768, appela physiocratié la théorie émise par Quesnay, théorie à laquelle devaient s'associer bien des hommes éminents du siècle dernier et quelques esprits du nôtre. Quesnay trouva que la richesse ne pouvait venir que des travaux dans lesquels *la nature et la puissance divine concourent* ; Quesnay disait que les autres travaux sont *utiles*, mais stériles.

L'impôt, par conséquent, d'après Quesnay, ne devait peser que sur le produit net, la propriété foncière.

Trois idées principales ressortent de l'école physiocratique :

La terre est la source de toute richesse.

Le commerce et l'industrie doivent jouir de la plus entière liberté, afin que l'agriculture répande tous ses bienfaits.

L'impôt ne doit peser que sur le produit net, la propriété foncière.

Il résulte des idées des physiocrates, que le monde se compose de deux classes de travailleurs, dont les produits ne sont pas au même titre dans la société.

La première classe se compose des individus adonnés à la chasse, à l'élève du bétail, à l'agriculture, etc. Cette classe, c'est la classe des vrais producteurs, des producteurs qui augmentent les richesses de la société.

La seconde classe se compose des fabricants, des marchands, des manufacturiers, etc. C'est la classe des producteurs stériles. C'est la classe de ceux qui se livrent à des industries stipendiées. D'après les physiocrates, le raisin est une richesse, mais le vin n'en est pas une ; le blé est une richesse, mais le pain n'en est pas une ; la laine est une richesse, mais le drap n'en est pas une.

Théorie bizarre, théorie curieuse, n'est-ce pas ? — Car si celui qui a passé son temps à préparer la terre, à l'ensemencer, à la veiller, à la soigner, est un producteur ; pourquoi n'appellera-t-on pas producteur aussi, celui qui passe son temps à préparer, à soigner le produit tiré de la terre afin de l'approprier aux divers besoins de la société.

Comment voulez-vous que l'éleveur de troupeaux soit un producteur, et que celui qui prépare la laine de ces troupeaux, qui donne à cette laine une valeur cent fois plus grande, n'en soit pas un ?

Et puis dire qu'un avocat, un médecin, un maître d'école ne produisent rien, qu'ils sont stériles (1).

Quesnay et ses partisans, en partant de l'idée que la productivité n'est qu'à la terre, sont arrivés à n'admettre l'impôt que sur la propriété foncière, le produit net de la terre. Il ne faut pas, disaient-ils, imposer les industries autres que l'industrie agricole, puisque ces industries ne produisent rien. Les impôts, disaient-ils, retombent sur la propriété foncière : en bonne logique, au lieu d'avoir plusieurs impôts, il ne faut mettre qu'un impôt sur la terre.

Néanmoins, il faut reconnaître que les physiocrates, en poussant ces idées à l'exagération, sont arrivés à rendre, au siècle dernier, les plus grands services à la production industrielle, à la production commerciale.

La France, on se le rappelle, était remplie de douanes provinciales. Les corporations et les jurandes existaient encore. Les monopoles les plus exorbitants paralysaient le commerce, et l'empêchaient d'avoir un développement conve-

---

(1) Il n'est pas d'homme si pauvre et si mal doué qui ne puisse contribuer au Progrès dans une certaine mesure. Celui qui a planté l'arbre a bien mérité, celui qui le coupe et le divise en planches pour faire un banc a bien mérité : celui qui s'assied sur le banc, prend un enfant sur ses genoux et lui apprend à lire, *a mieux mérité que tous les autres*. Les trois premiers ont ajouté quelque chose au capital commun de l'humanité : le dernier *a ajouté quelque chose à l'humanité elle-même, il a fait un homme plus éclairé, c'est-à-dire meilleur*. (About, op. déjà cité, page 32).

nable. Les physiocrates ont réclamé l'abolition des douanes. Ils ont attaqué les corporations et les jurandes, ils ont revendiqué la liberté industrielle et commerciale.

Plus de douanes provinciales, disaient-ils, plus de monopoles, plus d'entraves à la liberté. Ces douanes, ces monopoles sont contraires à la justice et à l'intérêt général.

« Donc laissez faire, laissez passer ? »

Après la théorie des physiocrates, il y a une autre théorie qui a fait beaucoup de bruit en ces derniers temps, et qui se rapproche de celle de ces *économistes*. C'est la théorie de Ricardo. La voici en peu de mots :

Lorsque des hommes s'établissent dans un pays riche et fertile, personne ne pense à payer un fermage, puisqu'il y a immensément de terrains fertiles, sans maître.

Mais, dès que, par suite des progrès de l'établissement, tous les terrains les plus fertiles sont exploités, on commence la culture des terrains du second degré de fertilité ; et puis, l'établissement venant encore à prospérer, on se jette sur les terrains moins fertiles encore que le second, et ainsi de suite. Mais, à mesure qu'on descend les degrés de fertilité, le produit diminue proportionnellement aux capitaux et aux efforts employés. Un même travail et un même capital, s'appliquant à une même étendue de terre, fait donner :

180 muids de blé du terrain nº 1,
170 muids de blé du terrain nº 2,
160 muids de blé du terrain nº 3.

Le nº 1 payerait de fermage 20 muids, qui sont la différence entre le nº 3 et le nº 1 ; le nº 2 payerait 10 muids, qui sont la différence entre le nº 3 et le nº 2 ; tandis que le nº 3 ne payerait pas de fermage.

Et le muid de blé étant à 4 livres, le fermage en argent du nº 1 serait de 80 livres, et celui du nº 2 de 40 livres (1).

Maintenant un impôt sur les fermages n'affecterait que les fermages. Cet impôt retomberait uniquement sur les propriétaires, et ne pourrait jamais être rejeté sur les consommateurs. Puisque les terrains exempts de fermage ne paient aucun impôt, il est évident que les propriétaires de fermages ne sauraient augmenter le prix des produits de leurs terrains : *car le prix d'une même denrée est toujours réglée par le prix de la denrée venant de la plus mauvaise terre.*

Des terres de trois sortes, nᵒˢ 1, 2, 3, sont en culture, et par une quantité égale de travail, elles donnent respectivement cent-quatre-vingts, cent-soixante-dix et cent-soixante muids de blé ; mais le nº 3 ne paie pas de fermage, et n'est pas imposé. Le fermage du nº 2 ne peut donc pas

---

(1) Ricardo, page 252, 1ᵉʳ vol., *Économie politique.*

excéder la valeur de dix muids, ni celui du nᵒ 1
la valeur de vingt.

Un impôt sur les fermages ne saurait faire
hausser le prix des produits de l'agriculture,
car le cultivateur du nᵒ 3, qui ne paie ni fermage, ni impôt, n'a aucun moyen d'élever le
prix de ses denrées. Un pareil impôt ne décou-
ragerait pas la culture des nouveaux terrains,
parce que ces nouveaux terrains, ne payant pas
de fermage, ne sauraient être imposés. Si on
venait à livrer à la culture le nᵒ 4, et que ce
terrain produisît cent-cinquante muids de blé,
il ne payerait pas d'impôt, mais il créerait un
fermage de dix muids de blé pour le nᵒ 3 qui
commencerait dès lors à payer l'impôt (1).

Les socialistes, les communistes ou égalitaires
n'ont pas manqué de s'étayer sur la théorie de Ricardo pour demander que les *rentes* des terres profi-
tent, non à quelques-uns, mais à la communauté.

Les socialistes demandaient, comme com-
pensation de la rente que tirent les propriétaires
du sol, *le droit au travail.* Les communistes,
eux-mêmes, disaient : ... « Qui a droit de faire
payer l'usage du sol, de cette richesse qui n'est
pas le fait de l'homme ? A qui est dû le fermage
de la terre, au producteur de la terre, sans
doute. Qui a fait la terre ? Dieu. *En ce cas, propriétaire, retire-toi.* »

---

(1) Ricardo, opus déjà cité, page 285.

Mais, jusqu'ici, ni l'impôt sur les fermages de Ricardo, ni le droit au travail de M. Louis Blanc, ni l'abolition du droit de propriété de Proudhon n'ont été admis, et avec raison, dans aucune société organisée.

Je passe à la théorie de M. Hippolyte Passy.

D'après M. Passy, l'impôt foncier n'est pas supporté par les consommateurs et n'est pas non plus supporté par *tout* propriétaire du sol.

Tout propriétaire du sol ne supporte pas l'impôt, parce que l'impôt sur la propriété foncière grève cette propriété d'une rente perpétuelle. Cette rente perpétuelle établie ou élevée au profit de l'État, suivant que l'impôt foncier est établi ou élevé seulement dans un pays, diminue d'autant la valeur vénale de la propriété. Et ceux qui viennent par la suite acquérir cette propriété grevée d'une rente perpétuelle, diminuent de l'estimation du prix de la propriété, le prix de la rente perpétuelle, et, par conséquent, ne supportent pas l'impôt. Celui, qui était propriétaire du sol au moment où l'impôt a été établi ou élevé, le supporte seul.

Quelle que soit l'autorité de M. Passy et des économistes qui ont exposé cette théorie avec lui, jusqu'ici elle n'a servi de base à aucun système financier.

On ne doit pas considérer l'établissement de l'impôt foncier comme une spoliation du pro-

priétaire actuel, une expropriation sans indemnité au profit de l'État.

On ne doit pas admettre que, dans les pays
où l'impôt foncier est établi anciennement,
les remises ou réductions sont parfois une
pure gratuité de l'État au profit du propriétaire
actuel.

D'ailleurs, je trouve que l'éminent écono-
nomiste s'est fourvoyé dans sa théorie.

Après avoir dit : « Une remarque essentielle
en ce qui concerne l'impôt territorial, c'est qu'il
finit par ne plus être constitué à titre vérita-
blement onéreux pour ceux qui l'acquittent. Cet
effet résulte des transmissions dont la terre est
l'objet. Sur chaque fraction du sol pèse, par
l'effet de l'impôt, une rente réservée à l'État :
acheteurs et vendeurs le savent, ils tiennent
compte du fait dans leurs transactions, et les
prix auxquels ils traitent entre eux se règlent
uniquement en vue de la portion de revenu qui,
l'impôt payé, demeure nette, c'est-à-dire af-
franchie de toute charge ; aussi le temps arrive-
t-il où nul n'a plus droit de se plaindre d'une
redevance antérieure, et dont l'existence connue de lui a atténué proportionnellement le
montant des sacrifices qu'il a eus à faire ; »

M. Passy ajoute, quelques alinéas plus bas :

« Tout dans les péréquations est mauvais et
vicieux, et des intérêts, autres que ceux de l'é-
quité, concourent à les interdire formellement

« Dans un pays où l'État se croirait autorisé
à remanier l'impôt territorial, la sûreté man-
querait aux transactions ; nul ne saurait, au
moment d'acheter, si le revenu net dont le
chiffre détermine le prix de la propriété ne sera
pas amoindri prochainement, et de là des in-
quiétudes dont se ressentirait la circulation des
terres ; d'un autre côté, la crainte des surcroîts
de taxes pèserait lourdement sur les entreprises agricoles. Chacun appréhenderait de perdre une partie des bénéfices dont l'espoir excite
à dépenser en améliorations de fonds, et l'agriculture ne marcherait pas avec la liberté et la
promptitude dont elle a besoin pour devenir
plus féconde. »

Entendons-nous :

Pour que l'impôt foncier ait pour effet d'*asseoir* sur le sol des rentes dont l'Etat devient
le titulaire, il faut que le gouvernement ne
change pas la répartition de l'impôt, afin de
dégrever les parcelles qui rapportent le moins,
et de recharger celles dont le produit s'est ac-
cru.

Or, est-ce que les gouvernements se sont toujours autorisés de remanier l'impôt territorial,
dominés principalement par les intérêts de l'é-
quité ? — Est-ce que l'impôt territorial qui at-
teignait, en France, en 1790, 240 millions, n'a atteint, en 1821, que 154 millions et s'est élevé, en
1875, à 171 millions ? Est-ce que les centimes ad-

ditionnels, votés tous les ans, n'altèrent pas le caractère de fixité de l'impôt foncier, caractère qui, d'après M. Passy, devrait affecter cet impôt essentiellement.

Donc, M. Passy, acheteurs et vendeurs ne tiennent compte de rien dans les transactions. Car celui qui achète une propriété faiblement imposée, achète avec la crainte que cette propriété sera sur imposée ; et celui qui achète une propriété lourdement imposée, achète avec l'espoir qu'elle sera quelque peu dégrevée.

Donc encore, M. Passy, quoique l'impôt foncier soit anciennement établi dans un pays, il peut être supporté par le propriétaire actuel du sol.

Les propriétés foncières en France furent imposées par la loi du 23 novembre 1790, ainsi conçue :

Art. 1er. « Il sera établi, à partir du 1er janvier 1791, une contribution foncière qui sera répartie par égalité proportionnelle sur toutes les propriétés foncières, à raison de leur revenu net, sans autres exceptions que celles déterminées ci-après pour les intérêts de l'agriculture.

Art. 2. « Le revenu net d'une terre est ce qui reste à son propriétaire, déduction faite sur le produit brut des frais de culture, etc., etc. »

L'impôt foncier, établi par la loi de novembre 1790 et réglé par celle du 3 frimaire an VII, a pour base le *cadastre*.

Napoléon disait : « Un bon cadastre parcellaire sera le complément de mon Code, en ce qui concerne la possession du sol. »

Le cadastre est l'état descriptif et estimatif des parcelles qui composent la propriété foncière en France, commune par commune, avec l'estimation du revenu imposable que produit chacune d'elles.

C'est la Constituante qui a voté la confection d'un cadastre général.

Ce grand corps, après avoir aboli la plupart des impôts qui existaient sous l'ancien régime, notamment les taxes inégales établies sur les produits du sol, rendit nécessaire le cadastre général de la France pour l'évaluation des revenus de la propriété foncière, sur laquelle un impôt était établi afin d'assurer les dépenses publiques, dont les taxes abolies payaient, en grande partie, le montant.

La confection du cadastre, malgré le vote de l'Assemblée constituante et celui de la Convention, n'eut pas lieu bientôt, pour des causes auxquelles ne furent pas étrangers les agitations révolutionnaires et l'état de délabrement dans lequel se trouvèrent les finances de la France.

De sorte que, pendant quelque temps, l'assiette de l'impôt foncier, établi avant toute opération cadastrale, fut très-irrégulière, malgré les peines que s'était données le comité d'imposition, créé par l'Assemblée constituante pour prévenir les inégalités d'un travail si délicat et si difficile.

C'est en 1801, sous le Consulat, que la question du cadastre fut remise à l'ordre du jour.

Comment devait-il être fait, le cadastre?

D'abord, on voulut que le cadastre fut un cadastre par *grandes masses de cultures*, mais le ministre des finances d'alors, le duc de Gaëte et les préfets eux-mêmes, portèrent le gouvernement à abandonner son projet et à ne faire qu'un cadastre parcellaire, quoique le cadastre par *masse* de cultures soit bien plus simple, bien plus facile à exécuter, bien plus économique surtout que ce dernier mode de cadastre.

Pour avoir l'unité du territoire, objet du cadastre, on commence par avoir l'unité de la commune; ce premier travail est celui des géomètres, et comprend trois opérations : la délimitation, la triangulation, l'arpentage.

Un géomètre reconnaît et décrit les limites de la commune, divise ensuite le territoire de la commune en grandes sections. Puis on forme avec le polygone du territoire de la commune un réseau de triangles ayant pour but de circonscrire l'arpenteur. Enfin, une année après ce second travail terminé, on fait l'arpentage de chaque parcelle. L'arpentage étant fait, les agents des contributions directes et les géomètres dressent le plan des propriétés, d'après les jouissances au moment de l'opération. Les propriétaires sont informés de la fin de l'arpentage parcellaire afin de pouvoir le modifier.

Pour terminer ce premier travail des géomètres, un tableau d'assemblage de chaque commune est dressé au 10,000⁰ des feuilles du plan parcellaire. Ce tableau d'assemblage contient la commune divisée en sections, et a aussi les principaux chemins, les montagnes, les rivières, les forêts.

Par les opérations géométriques, on a la situation et la contenance de chaque parcelle; mais, pour asseoir l'impôt foncier sur des bases équitables, il faut autre chose que ces opérations techniques, il faut des opérations *administratives;* ce sont ces opérations qui déterminent le revenu imposable.

Elles sont, comme les premières, au nombre de trois, à savoir : la classification, le classement, le tarif des évaluations. Ces opérations sont faites principalement par des personnes qui représentent les propriétaires.

D'abord, cinq commissaires, dont deux *forains,* sont nommés par le conseil communal. Ces commissaires choisissent, comme types extrêmes, deux parcelles, prises, la première, parmi les meilleures terres ; la seconde, parmi les plus mauvaises. Entre ces deux types de parcelles, les commissaires doivent inscrire plusieurs classes de parcelles, en nombre plus ou moins grand, suivant qu'il s'agit de propriétés bâties ou non bâties. Les usines et manufactures sont exceptées, puisqu'en quelque lieu qu'elles sont situées, elles reçoivent une évaluation particulière.

S'agit-il de propriétés bâties ? — Entre les propriétés bâties, les classificateurs ne peuvent inscrire que *huit* catégories de parcelles, puisque le nombre des classes de ces propriétés ne peut excéder dix.

S'agit-il de propriétés non bàties ? — Entre les propriétés non bâties, les classificateurs ne peuvent inscrire que *trois* catégories de parcelles : le nombre des classes des propriétés non bâties ne peut excéder cinq.

La classification des propriétés terminée, il faut déterminer la classe à laquelle chaque propriété doit être rattachée, c'est-à-dire distribuer entre les dix ou cinq classes établies, toutes les parcelles qui appartiennent à chaque propriétaire. Cette seconde opération est faite aussi par les commissaires. Les mêmes personnes qui ont créé les cinq ou dix classes, décident de l'assimilation. L'agent des contributions directes iuscrit le résultat de leur jugement sur le tableau indicatif, en regard du nom du propriétaire et du numéro de la parcelle.

La classification et le classement terminés, le conseil municipal, avec les plus imposés en nombre égal à celui de ses membres, attribue un revenu proportionnel aux divers classes de chaque nature de propriété.

Le revenu de chaque parcelle étant ainsi tarifé, on fait ce qu'on nomme la *matrice cadastrale*, en portant sur un même état et dans un même article, toutes les parcelles qui appartiennent à un même propriétaire dans la commune.

Cette matrice cadastrale indique le nom et la demeure de chaque propriétaire, la classe à laquelle chaque parcelle appartient et, de plus, le revenu imposable de chaque parcelle. Ce revenu est calculé sur une moyenne de quinze années, déduction faite des deux meilleures et des deux plus mauvaises.

A la suite de chaque article, on laisse, après avoir écrit la dernière parcelle, *un intervalle en papier blanc*, afin d'inscrire les acquisitions nouvelles de chaque propriétaire et de modifier ainsi, pendant un certain temps, les bases de l'impôt, d'après les acquisitions ou les ventes que chaque propriétaire aurait faites.

Maintenant, comment déterminer le produit net ou le revenu de chaque propriété. Rien de plus simple. — Puisqu'on a la contenance de chaque propriété, sa classe, et le revenu par hectare de cette classe, pour avoir le revenu de chaque propriété, on multiplie la contenance de la parcelle par le revenu à l'hectare de la classe à laquelle cette propriété appartient.

Les matrices cadastrales sont au courant des changements de propriétaires. Les propriétaires déposent à la mairie les changements survenus dans la nature ou l'étendue de chacune de leurs propriétés. Et puis les contrôleurs, par le recours des bureaux d'enregistrement de leur division, se mettent bien au courant des actes de partage et de translation de propriété de toute nature. Ils recherchent aussi les constructions nouvelles, afin que celles-ci, conformément à la loi, soient imposées trois années après leur achèvement.

On n'a pas mis moins d'un demi-siècle pour faire le cadastre de la France ; et le travail a coûté, d'après les meilleures évaluations, la somme de *cent-cinquante millions*, dont soixante à la charge de l'État, et quatre-vingt-dix à la charge des départements.

Le cadastre a des défauts incontestables. Et c'est pour pallier ces défauts que le gouvernement français diminue, de temps en temps, le poids de l'impôt foncier.

Ainsi, cet impôt qui était fixé, en 1790, à 240 millions, n'a atteint que 218 millions, en 1797, et 154 millions seulement, en 1821.

Mais, depuis l'innovation de la loi de 1835, les effets de la diminution de l'impôt foncier, se trouvent atténués.

Presque tous les pays civilisés reconnaissent l'utilité d'un cadastre. La Hollande en possède un, qui est confié aux conservateurs des hypothèques. La Saxe, le Holstein en possèdent. La Belgique en possède un. Les pays qui n'en possèdent pas, comme l'Espagne et la Russie, en font un.

Cependant, je ne demande pas qu'un cadastre soit dressé en Haïti pour l'assiette de l'impôt foncier sur le revenu net, comme il est établi en France. Ce cadastre exigerait trop de dépenses de la part du gouvernement, dépenses d'argent et de temps. Et puis les opérations cadastrales ont trop d'inconvénients.

Faut-il que l'impôt foncier soit établi sur l'étendue des terres ? — Faut-il que le gouvernement dise à chaque propriétaire : « Si le pays était dix fois moins grand, les dépenses de l'Etat, *cœteris paribus*, seraient dix fois plus petites. Vos terres sont à charge à l'État. Il vous faut contribuer aux charges de l'État en proportion de l'étendue de vos terres. » Une telle manière d'établir l'impôt foncier aura les résultats les plus mauvais.

En effet, supposons quatre terres de fertilité différente et de même étendue.

La première donne 3,000 livres de sirop par an ; la seconde, avec un même travail et un même capital, donne 2,500 livres de sirop ; la troisième donne, toujours avec un même travail et un même capital, 1,500 livres de sirop ; enfin, la quatrième donne 1,000 livres de sirop par an.

Si l'impôt ne doit pas tenir compte de la

fertilité des terres, on grèvera d'un impôt égal toutes ces terres de même étendue.

Supposons que cet impôt soit de 100 piastres sur chacune de ces terres de même étendue. Quel est l'effet immédiat de cet impôt?

Le propriétaire de la terre de la dernière qualité, c'est-à-dire le propriétaire de la terre qui ne produit que 1,000 livres par an, et qui n'a, je suppose, juste que la rétribution nécessaire à son travail et à son capital, est obligé de renoncer à la culture de la canne à sucre. Il ne peut pas, *cœteris paribus*, continuer cette culture et arriver à payer la rétribution annuelle de 100 piastres, que l'État réclame de lui, en tant que détenteur d'une certaine étendue de terre.

Mais ne peut-il pas, ce détenteur d'une certaine étendue de terre, augmenter le prix de son sirop de manière à avoir, dans la vente de ses 1,000 livres de sirop, les 100 piastres que l'État lui réclame? Oui, il le peut; et c'est ici que les mauvais effets d'un impôt sur l'étendue des terres, se montrent aux moins clairvoyants.

Quand ce dernier détenteur de terres qui vendait ses 1,000 livres de sirop 500 piastres, je suppose, vend ces 1,000 livres 600 piastres c'est-à-dire quand ce dernier détenteur de terres, qui vendait chaque centaine de livres de sirop 50 piastres, les vend 60, le consommateur paie 10 piastres en plus par 100 livres, soit, 100 piastres en plus ; mais puisque le détenteur de terres doit donner les 100 piastres à l'État, ce que le consommateur perd, l'État le gagne, et le lui rendra en travaux de toutes sortes. Donc, le consommateur ne souffrira pas de la privation des 100 piastres.

Mais ce détenteur de terres a trois *compagnons ;* et j'ai supposé que le premier de ces *compagnons* a une terre qui lui donne 3,000 livres de sirop, que le second en a une qui lui donne 2,500 livres et que le troisième en a une qui lui donne 1,500 livres de sirop.

— A quels prix vendent-ils leur sirop, maintenant, ces trois autres détenteurs de terres ? — Ils augmentent le prix de leur sirop immédiatement, et vendent cette marchandise au prix du quatrième détenteur de terres, — car je vous rappelle que le prix d'une marchandise sur un même marché, se règle par le prix de la marchandise dont la production a coûté le plus, c'est-à-dire de la marchandise de la plus mauvaise terre.

— Eh bien ! qu'arrive-il ?

— Le détenteur de terres de la première qualité vend chaque centaine de livres de son sirop 60 piastres, comme le détenteur de terres de la dernière qualité, et, maintenant, obtient pour ses 3,000 livres, 1,800 piastres ; le second détenteur obtient pour ses 2.500 livres, 1,200 piastres ;

le troisième détenteur obtient, pour ses 1,500 livres, 900 piastres.

Or, n'oubliez pas que cette hausse n'a lieu, rien que parce que le gouvernement a demandé 100 piastres d'impôt pour une même étendue de terres, abstraction faite de la fertilité de ces terres.

Récapitulons, maintenant, les choses :

Le quatrième détenteur de terres a augmenté de 10 piastres chaque centaine de livres de sirop, afin de payer l'impôt au gouvernement et a vendu ses 1,000 livres de sirop, 600 piastres au lieu de 500. Rien pour lui dans tout cela : il est après Gros Jean comme devant.

Le troisième détenteur de terres a augmenté de 10 piastres aussi chaque centaine de livres de sirop, — puisqne c'est le prix du quatrième détenteur qui régle le sien, — et a vendu ses 1,500 livres de sirop, 850 piastres, au lieu de 700. Mais, dans ces 850 piastres qu'il a reçues du consommateur, il en donne 100 au gouvernement, et garde pour lui un bénéfice de 50 piastres.

Le second détenteur de terres qui a augmenté aussi de 10 piastres chaque centaine de livres de sirop, — puisque, je le répète, c'est le prix du quatrième détenteur qui règle le sien — vend ses 2,500 livres de sirop, 1,200 piastres au lieu de 1,000 et le gouvernement étant payé de son impôt de 100 piastres, le second propriétaire garde pour lui un bénéfice de 100.

Maintenant le premier détenteur de terres

qui vend ses 3,000 livres de sirop 1,800 piastres, au lieu de 1,500, donnera au gouvernement 100 et gardera 200 pour lui.

Voilà à quelles conséquences un impôt établi sur l'étendue des terres, mène, conduit.

Le gouvernement qui établit cet impôt, fait payer bien plus aux particuliers qu'il n'en reçoit lui-même.

Ainsi, dans notre hypothèse, le gouvernement haïtien en ne recevant que 300 piastres d'impôt, ferait payer par les consommateurs 200 piastres au premier détenteur, 100 au second et 50 au troisième. En un mot, le gouvernement porterait les consommateurs à payer 650 piastres. A ce compte-là, les propriétaires des terrains les plus fertiles s'enrichiraient vite.

— Je demande que l'impôt foncier soit aussi établi à Haïti.

— Mais comment sera-t-il déterminé cet impôt ?

— Je demande qu'il soit déterminé par la valeur vénale des propriétés foncières, puisque les opérations cadastrales, outre leurs frais énormes, présentent, comme base de détermination de l'impôt foncier, les inégalités les plus déplorables.

Une propriété étant estimée 10,000 piastres, doit payer 10 fois moins d'impôt qu'une propriété estimée 100,000, et 10 fois plus d'impôt qu'une propriété estimée 1.000.

— Mais cette valeur vénale des propriétés comment sera-elle déterminée ?

— Je distingue, pour la détermination de la valeur vénale des propriétés, deux sortes de propriétés : celles qui sont situées dans les bourgs ou dans les villes et les propriétés rurales.

Pour les premières, on nomme une commission composée, dans les villes ou bourgs, des hommes les plus aptes à l'expertise. Dans ces commissions, il faut toujours avoir soin de mettre le chef du service de l'enregistrement, quelques membres du conseil communal, un notaire : ces personnes peuvent bien mieux évaluer la valeur vénale des propriétés que d'autres. Cette commission aura pour se renseigner les relevés de ventes et de baux dans les bureaux d'enregistrement, les actes de partage, les constitutions d'hypothèques et les plans mêmes des propriétés. Ces commissions estimeront chacune des propriétés foncières de la ville ou du bourg.

L'estimation sera adressée au bureau de l'administration chargée de percevoir les impôts directs, que ce soit le bureau du conseil communal ou le bureau du conseil d'arrondissement, ou même le bureau de l'administrateur des finances de la juridiction, peu nous importe à présent (1).

----

(1) L'on verra, pour ce bureau, notre ouvrage intitulé : *La grande réforme financière.*

L'estimation des propriétés de chaque ville ou bourg ayant été faite, un délai est nécessaire entre cette estimation et le dressement du rôle de l'imposition foncière incombant à chaque propriétaire des villes ou bourgs. Je n'insiste pas longtemps sur ce délai qui est tout à fait du ressort administratif; mais je crois que ce délai peut être d'un mois à deux. Dans ce délai, les contribuables qui trouveraient que leurs propriétés sont estimées au-dessus de leur valeur vénale, auront à se pourvoir contre l'estimation des experts. Les frais d'une nouvelle expertise étant avancés par le contribuable requérant, on procédera à une expertise nouvelle, expertise contradictoire, afin que les intérêts du fisc et ceux du contribuable ne soient pas lésés.

L'administration des contributions directes nommera pour la seconde expertise un des membres de la première expertise. Le requérant aura son expert, et les deux parties un expert commun.

Il est entendu que les frais avancés seront remboursés au requérant, s'il ressort de la seconde expertise que l'estimation était au-dessus de la valeur vénale de sa propriété.

Je laisse, maintenant, le dressement du rôle de l'imposition foncière incombant à chaque propriétaire des villes ou des bourgs, au bureau de l'administration des contributions directes, afin de m'occuper un instant des propriétés rurales.

L'estimation des propriétés rurales sera bien

plus difficile que l'estimation des propriétés situées ou dans les villes, ou dans les bourgs.

Ce n'est pas que la valeur vénale de ces propriétés ne puisse être déterminée à l'aide des éléments, tels que relevés de ventes, relevés de baux, constitutions d'hypothèques et plans d'arpentage. Mais ces actes doivent être remis à des experts. Et les experts des propriétés rurales peuvent manquer.

N'allez pas tout de même grossir les difficultés, les faire bien plus grandes qu'elles ne le sont en réalité.

Les chefs de section, les chefs de district mêmes de nos populations rurales doivent se trouver dans la partie pour cette estimation. Ces derniers auront — j'allais dire dans leur bureau, — les actes de partage, de vente, et les plans d'arpentage des propriétés du district. La liste des propriétés particulières du district qui n'auront pas de plans d'arpentage, sera relevée par eux ; et le plan de ces propriétés sera dressé sur l'ordre et aux frais de l'administration des contributions directes.

— J'entends une objection que me font certaines personnes : — « Comment, disent-elles, nos experts des propriétés rurales arriveront-ils à reconnaître les propriétés particulières qui n'auront pas de plans d'arpentage, de celles de l'Etat, puisque dans beaucoup de sections rurales, l'Etat n'a jamais pu reconnaître ses pro-

priétés. » — Il est facile de répondre à cette
objection. L'époque de l'estimation des propriétés étant connue par tous, chaque propriétaire sera tenu de déclarer au chef de district,
dans un délai déterminé, les propriétés qu'il a
dans ce district. Les propriétés de l'Etat sont les
propriétés qui, dans ce délai, ne seront pas
déclarées appartenir à telle ou telle personne.

Maintenant supposons qu'un cas de force ma-
jeure, légalement constaté, empêche le contribuable de faire sa déclaration dans le délai
prescrit, l'administration des contributions directes pourra bien tenir compte de ces circonstances exceptionnelles.

Je disais qu'il sera parfois difficile de trouver
des experts pour les propriétés rurales. En effet, ces propriétés ne doivent pas être estimées
par n'importe qui ; elles ne doivent l'être que
par ceux qui, par leur position, leur situation,
sont au courant des diverses valeurs des propriétés rurales. Et ceux-là sont les propriétaires ruraux eux-mêmes. Mais combien peu d'hommes,
parmi ceux-là, peuvent comprendre les actes
de vente, les actes de partage, etc., qui doivent
servir de base aux estimations.

Cependant, près de certains centres, ces inconvénients ne sont pas à craindre. Ainsi, près
du Cap, du Port-au-Prince, etc. ; parce que les propriétés qui sont dans les sections rurales de ces
centres, appartiennent et aux citadins et aux

cultivateurs. Alors, dans la commission d'experts on aura toujours soin de mettre des citadins.

Même près des centres d'un ordre moins élevé que ceux que je viens de citer, il peut arriver que l'on trouve les meilleurs experts pour les propriétés rurales. Et savez-vous pourquoi ? — C'est que, l'agriculture étant abandonnée, il se fait, depuis quelque temps, une grande immigration dans les villes, dans les bourgs.

Sans doute, il y a quelques vieux paysans qui ne quittent pas leurs terres, mais leurs fils vont dans les bourgs, où ils apprennent une profession, où ils apprennent à lire. Parfois ils n'exercent pas leur profession. Dans la récolte, ils font un peu de commerce, et quand la morte saison vient rendre le séjour des bourgs gênant, ces personnes vont bêcher un peu leurs terres de la plaine, des montagnes. J'ai vu, dans plusieurs petites localités d'Haïti, de ces hommes qui n'ont pas une demeure fixe : Allez au Gros-Morne, vous y trouverez sur cent personnes, quatre-vingt-dix au moins qui, de lundi à jeudi, bêchent leurs terres ; mais qui, de jeudi à dimanche, deviennent de vrais spéculateurs en denrées, font de grosses affaires et ne sont jamais trompés. Ces hommes ambulants, propriétaires de biens ruraux, seront encore de bons experts.

Même près des plus infimes localités, on trouvera des experts pour les propriétés rurales.....

L'estimation des propriétés rurales faite, on accordera aux propriétaires de ces biens un délai pour une seconde estimation, comme je l'ai déjà dit pour les propriétaires des bourgs et les propriétaires des villes.

Chaque commune aura, par ces estimations, le montant de la valeur vénale des propriétés foncières qui la composent. De sorte que le gouvernement pourra savoir par une simple addition, le montant de la valeur vénale des propriétés foncières de la République.

Soit *cent millions* de piastres cette valeur vénale.

Dans ces cent millions de piastres de propriété, il y a des propriétés qui rapportent un revenu tangible et d'autres propriétés, non bâties, non cultivées, qui ne rapportent pas un revenu tangible. Pour les propriétés de l'une et de l'autre catégorie, on peut prendre, comme base de l'impôt, le revenu normal des propriétés dans le pays.

L'agriculture, étant encouragée par la suppression des droits et redevances de toutes sortes, on peut affirmer, comme moi je l'affirme, que le revenu normal des propriétés à Haïti est de cinq piastres pour une propriété valant 100 piastres (1).

---

(1) J'ai plusieurs fois lu que le gouvernement accordait, à titre de bail, des carreaux de terre de 30 à 40 piastres, à raison de 2, 3 piastres le carreau.

Supposons maintenant que dans ces propriétés estimées toutes à cent millions, il n'y ait en culture, que des propriétés montant à soixante, à quatre-vingts millions. le gouvernement aura à imposer un revenu de trois, de quatre millions. Et si sur ce revenu de trois, de quatre millions, le gouvernement prélève un impôt d'un *cinquième* seulement, il aura pour ses dépenses budgétaires, la bonne somme de *six cent mille* piastres ou de *huit cent mille* piastres.

Arrêtons-nous un instant, je vous en prie, afin que je puisse réfuter les objections que j'entends.......

Je répète, d'abord, ce que j'entends : « Nous sommes d'accord avec vous quand vous dites que les opérations cadastrales arrivent à des résultats vagues. Nous sommes d'accord avec vous quand vous dites que ces opérations sont trop coûteuses ; car le gouvernement français a dépensé pour avoir le cadastre du territoire de la France, plus de 150 millions de francs et plus de quarante années.

«..,... Mais ne pensez-vous pas qu'en déterminant la valeur vénale des propriétés foncières pour asseoir l'impôt, vous arrivez, non pas à faire des dépenses trop coûteuses de temps et d'argent, mais à obtenir des conclusions plus vagues que celles du cadastre. On peut plus facilement obtenir le revenu d'une propriété par

le cadastre qu'on ne peut obtenir la valeur vénale de ces propriétés par l'estimation que vous
proposez. »

Je réponds immédiatement :

« Il n'y a pas d'opération plus ordinaire que
l'estimation d'une propriété. Tous les jours, à
chaque instant, on fait des estimations, et c'est
rarement que les experts se trompent Le cadastre, qui a coûté tant d'argent à la France, n'a
prouvé qu'une chose : « c'est que le corps des géomètres français est un corps discipliné et d'un
courage persévérant, » voilà tout (1). Mais le cadastre ne peut satisfaire les parties autant que
l'estimation de la valeur vénale des propriétés.

Supposons une propriété foncière rapportant
mille piastres par an. Les opérations cadastrales
étant faites, le revenu de cette propriété est évalué à *onze cents piastres :* erreur possible,
puisque les opérations cadastrales ne sont pas
toujours justes.

Si l'impôt foncier est du cinquième du revenu,
le contribuable, au lieu de payer deux cents
piastres, paiera au fisc, par rapport à l'erreur du
cadastre, deux-cent-vingt piastres, c'est-à-dire
que, sur une erreur de cent piastres, le contribuable arrivera à perdre vingt piastres.

Supposons, maintenant, qu'au lieu de déterminer l'impôt par les opérations cadastrales, on

---

(1) Comparer avec la *Revue historique,* année 1850.

le détermine par l'estimation de la valeur vénale
des propriétés ; pour que le contribuable, dans
ce cas, perde la somme de vingt piastres, il ne
faut pas une erreur de cent piastres, — il faut
une erreur de deux mille piastres dans l'estimation de la valeur vénale des propriétés.

Je m'adresse à tous ceux qui ont une certaine
pratique des affaires, et je leur demande pour
laquelle de ces deux erreurs s'inclinent-ils? — Je
leur dis : pour asseoir l'impôt foncier, il faut ou
faire des opérations cadastrales, ou estimer la
valeur vénale des propriétés. Par l'une et l'autre
des opérations, l'on peut arriver à des erreurs,
mais pour que le contribuable perde une, vingt
piastres, il faut, avec la première opération, une
erreur de cinq, de cent piastres seulement, tandis qu'avec la seconde opération, il faut une erreur de cent, de deux mille piastres. — Je dis
aux hommes pratiques : pensez-vous que des erreurs d'une, de cent piastres même, soient des
erreurs possibles, et que des erreurs de cent, de
deux mille piastres, toutes choses égales d'ailleurs, soient moins possibles que les premières
erreurs? — Si, comme moi, hommes pratiques,
vous croyez que des experts peuvent commettre
difficilement une erreur de cent, de deux mille
piastres, c'est-à-dire peuvent porter difficilement le contribuable à payer une ou vingt piastres en plus que ce qu'il doit à l'État. concluez
avec moi, que, malgré tous les bourdonnements

des économistes, malgré tous les puérils arguments des faux financiers, l'impôt sur les propriétés n'est bien assis que lorsque la valeur vénale de ces propriétés est déterminée. »

J'ai dit plus haut que la commission administrative doit estimer et les propriétés qui rapportent un revenu tangible, un revenu saisissable et celles qui ne rapportent pas un revenu tangible, un revenu saisissable.

Ces dernières propriétés ayant été estimées, le gouvernement les imposera aussi, tout comme les propriétés de la première catégorie. Et supposons que ces propriétés soient de quarante, de vingt millions de piastres, il arrivera que le gouvernement prélèvera sur ces propriétés une somme de quatre cent mille ou de deux cent mille piastres.

. . . . . . . . . . . . . . . . . . . . . . . . . . . . . . . . . . . . . . . . . . . .

Je m'arrête encore !

Il est difficile de parler sérieusement de science économique, en ce moment qu'il y a tant d'erreurs répandues par quelques personnes qui, depuis longtemps, s'occupent de cette science.

A chaque pas, on est obligé de s'expliquer pour ne pas donner lieu aux malentendus, on est forcé de s'arrêter pour dissiper les préjugés qui voilent, depuis longtemps, le monde.

Je vais donc examiner la principale objection dressée par ceux qui ne veulent pas d'un impôt sur les propriétés foncières de la catégorie de celle dont je parle.

— « Une des règles de Sismondi, en matière d'impôt, c'est que l'impôt ne doit peser que sur le revenu.

« Si une propriété ne rapporte pas un revenu, l'impôt dont vous la frappez grève le capital. Et cela « est contraire à la raison la plus manifeste et aux besoins les plus positifs... »

— Réellement, tout impôt qui s'attaque au capital doit produire dans un pays les conséquences les plus graves. Mais l'impôt perçu sur les terres qui n'ont pas un revenu saisissable, fait-il la guerre au capital?

Supposons qu'une propriété, n'ayant pas un revenu tangible, soit estimée deux mille piastres par la commission. Peut-on, sincèrement, dire que le revenu du propriétaire de cette terre, soit *cœteris paribus*, égal en tous points, au revenu d'un autre propriétaire? Peut-on dire que le détenteur de cette terre n'ait pas, encore *cœteris paribus*, une meilleure position qu'un autre contribuable?

— Où est-elle située, cette terre?

— Elle est située en ville.

— Pourquoi ne la vend-on pas?

— Elle est située à la campagne, dans les plaines. C'est une propriété rurale.

— Pour le coup, je dis : *a fortiori*, etc.

Celui qui a acheté une propriété rurale et

qui ne la cultive pas, ne peut pas à bon droit se plaindre qu'on l'impose, proportionnellement à un revenu déterminé par la valeur vénale de cette propriété : les fortunes ou les revenus se mesurent à la quantité de propriétés non cultivées que l'on a.

Si celui qui a acheté une terre ne veut pas la cultiver, qu'il la cède à un autre qui en tirera un meilleur parti pour la société. Mais tout le temps qu'il refuse, ou ce qui est la même chose, qu'il s'abstient de la céder, la société, qui accorde à cette terre non cultivée autant de garantie qu'à une autre, est autorisée, quand elle veut prélever une indemnité pour cette garantie, d'admettre que le propriétaire de cette terre a un revenu qui n'est pas inférieur au revenu qu'il eût tiré en mettant cette terre en culture. Et comme le revenu normal des terres en culture, je le crois égal à cinq piastres pour une terre estimée cent piastres, la société a le droit de supposer que celui qui a une terre de cent piastres, non cultivée, possède un revenu de cinq piastres.

J'ai supposé que la propriété rurale était achetée. Cependant une propriété peut entrer dans le patrimoine de quelqu'un autrement que par un achat-vente. Elle peut y entrer par un partage, par une donation, etc... Ma conclusion est la même pour tous les modes d'acquisition. Elle s'impose, avec toute sa force scientifique, à toutes les propriétés non cultivées, abstraction faite du mode d'acquisition.

Celui qui obtient une terre par partage, ou en reçoit une par donation, doit vendre cette terre au lieu de ne pas la cultiver. Le prix de la vente lui servira bien mieux que cette terre dont il ne tire aucun profit.

Si celui-là garde la terre et ne la cultive pas, c'est qu'il a un revenu au moins égal à celui qu'il eût obtenu en cultivant la terre. Et à supposer que notre présomption n'arrivât pas aux confins de la certitude, celui-là doit se débarrasser bien vite de cette propriété dont la valeur vénale est connue.

Sans doute, dans quelques cas rares, très-rares, beaucoup de personnes hésiteraient à voir passer en d'autres mains une propriété pour elles inappréciable; mais si la science économique avait à s'occuper de ces quelques cas rares, elle serait en désaccord avec elle-même, avec le développement des richesses nationales, avec l'intérêt social.

N'ai-je pas jusqu'ici lutté contre des ombres ?

Faut-il réellement admettre, avec les routiniers de la science financière et de la science juridique (1), qu'il y a certaines choses qui rapportent des revenus, des fruits et d'autres qui n'en rapportent pas ?

______

(1) Voyez l'art. 1652, 2ᵉ alinéa, du Code civil français.

Une terre non cultivée, une propriété non bâtie ne peuvent-elles pas rapporter un revenu ?

Supposons que l'on veuille me prêter une somme de mille piastres, moyennant hypothèque. J'engage pour avoir cette somme, ou une propriété non cultivée, ou une propriété non bâtie. Pourra-t-on dire que le profit que j'obtiens en faisant travailler ces mille piastres, ne me vient pas, quoique indirectement, des propriétés non cultivées ou non bâties.

Il est évident que le jardin du Luxembourg n'est pas classé parmi les propriétés rapportant un revenu ; mais, si l'on considère les loueuses de chaises, — cette bonne vieille femme qui promène les bébés dans la petite voiture, — tirée par elle — et à laquelle se trouvent attelées deux chèvres, etc., pourra-t-on dire que ce jardin ne rapporte aucun revenu à son propriétaire ? Considérons le Champ-de-Mars du Port-au-Prince. Peut-il rapporter un revenu ? — Oui, il peut rapporter un revenu : la commune n'a qu'à prélever une somme sur les courses.

Quelqu'un a une propriété en ville, cette propriété, quoique non bâtie, peut encore rapporter un revenu, si nous supposons que cette propriété peut servir aux animaux des producteurs de denrées, des cultivateurs de nos campagnes.

Je me rappelle qu'une brave femme des Gonaïves possède tout près du rivage, plusieurs propriétés non bâties. Ces propriétés, d'après les économistes, ne rapportent aucun revenu. Mais la brave femme tire quelques avantages de ces propriétés non bâties, en les louant aux consignataires pour les billes d'acajou, qu'ils reçoivent de la grande Saline.

On peut dire qu'il y a des propriétés qui rapportent des revenus et qu'il y en a qui n'en rapportent pas; mais l'on ne peut pas distinguer les propriétés cultivées, les propriétés bâties, des propriétés non cultivées, non bâties, et dire *à priori* que les premières rapportent un revenu et que les dernières n'en rapportent pas. De même, on ne peut pas dire *à priori* que telle chose *produit des fruits* et que telle autre *ne produit pas de fruits.*

Les propriétés non cultivées et les propriétés non bâties sont susceptibles de produire des revenus indirects et des revenus directs. De sorte qu'un impôt assis sur ces propriétés et prélevé sur le revenu normal des propriétés foncières, ne fait pas la guerre au capital.

Sans doute, dans quelques cas, *cet impôt peut déplacer telle ou telle* propriété, la faire passer d'une main à une autre; mais cet impôt ne peut pas chasser *le capital.*

Et remarquons que quand cet impôt déplace telle ou telle propriété, quand il la fait passer d'une main à une autre, il n'est pas en contradiction avec l'intérêt social, avec la justice.

Cet impôt se justifie par l'intérêt social, car l'intérêt social exige que l'on ne frappe pas seulement d'impôt les propriétaires qui travaillent et qu'on laisse ceux qui ne travaillent pas. Ces derniers seraient encouragés à ne pas travailler.

Cet impôt intéresse la justice, car l'équité naturelle ordonne que tous les détenteurs de biens, dans une société, contribuent aux charges de cette société, proportionnellement au quantum de biens qu'ils détiennent, c'est-à-dire proportionnellement à l'intérêt qu'ils ont au maintien de l'ordre, au développement de cette société, à la conservation de la paix publique.

Vous froissez l'intérêt social, vous froissez la justice en exemptant de l'impôt les propriétés non bâties et les propriétés non cultivées.

Supposons deux propriétés. L'une, cultivée, située à Aquin ; l'autre, non cultivée, située près de l'Artibonite. Les deux propriétés valent chacune la somme de *mille* piastres.

Par l'irrationnel procédé qui consiste à ne frapper d'impôt que les propriétés qui rapportent un revenu tangible, saisissable, on prélève sur cette propriété d'Aquin, un impôt annuel de dix piastres et on ne prélève rien sur la propriété de l'Artibonite dont le revenu n'est pas visible.

Le maître de la propriété d'Aquin, après beaucoup de travail et beaucoup d'économies, arrive à donner à sa propriété, six ans après, je suppose toujours, une valeur de deux mille piastres; et à partir de cette époque, comme le revenu tangible, saisissable de la propriété cultivée d'Aquin a augmenté dans le même rapport que sa valeur vénale, cette propriété paie vingt piastres à l'État.

Mais la propriété de l'Artibonite, qui n'est pas cultivée, peut arriver à avoir une valeur double aussi, quoique son maître ne fasse rien qui tende à cela.

Le pont que l'on construit en ce moment sur l'Artibonite, la navigation fluviale que l'on y entreprend, donnera, j'en suis sûr, une plus grande valeur aux propriétés des rives de l'Artibonite. Dans l'espace de cinq ans, il est même possible que ces propriétés aient une valeur double de la valeur actuelle.

Si, dans cinq années encore, le propriétaire de l'Artibonite commence à faire rapporter par son terrain un revenu tangible et saisissable égal à celui d'Aquin, on l'imposera aussi de vingt piastres. Mais remarquez bien que, depuis cinq ans, le propriétaire d'Aquin paie un impôt et que celui de l'Artibonite n'en payait pas du tout. Et remarquez aussi que si la propriété d'Aquin a augmenté de valeur, c'est à force de travail et de persévérance, tandis que si celle de l'Artibonite a augmenté de valeur, c'est par la cotisation, par la concession commune. Car l'argent employé à la construction du pont, a été donné par tous les contribuables ; et les concessions faites pour la navigation fluviale, ont été faites par tous les contribuables dans un but général d'intérêt, quoique l'intérêt particulier des propriétaires riverains de l'Artibonite s'en ressente principalement.

Mac-Culloch, dans son excellent ouvrage (*On taxation*, p. 151, 152), raconte un fait qui s'est passé en Écosse, à la fin du siècle dernier, en 1786. Il est vrai que le fait n'a été raconté par Mac-Culloch que pour appuyer la thèse que soutenait le grand économiste, à savoir que l'impôt indirect peut être augmenté bien plus facilement et avec bien plus de profit pour un pays que l'impôt direct ; mais n'importe, le fait raconté par Mac-Culloch mérite d'être répété ici : C'était en 1786, comme je le disais. L'impôt sur les spiritueux, n'ayant rapporté au gouvernement écossais que des sommes insignifiantes, des sommes au-dessous de celles qu'il devait produire, on résolut de changer l'assiette de l'impôt, afin qu'il devînt une bonne ressource pour l'État. Cette assiette fut réellement changée. On calcula la quantité de spiritueux que pourrait rendre pendant une année les chaudières destinées à la préparation des spiritueux. Ce calcul étant fait, on mit un droit proportionnel à la contenance des chaudières.

A l'origine, ce droit ne fut pas élevé, il ne

fut que de 30 schellings par gallon contenu dans la chaudière ou l'alambic.

Au moment de l'établissement de cet impôt, les chaudières qui servaient à la fabrication des spiritueux étaient profondes : mais, bientôt, un progrès industriel se fit dans le but de contrarier les calculs du fisc.

John et William Sligo, distillateurs établis à Leith, furent les premiers qui déroutèrent les combinaisons du fisc. Ils gardèrent, pendant plus d'une année, leur secret et en profitèrent largement seuls jusqu'à ce qu'il leur fût échappé. Le secret de John et William Sligo consistait à augmenter le diamètre des chaudières, de manière qu'elles furent moins profondes et présentèrent une plus grande surface au feu. Par cette méthode, ils arrivèrent à distiller en quelques jours, la quantité de spiritueux qu'ils distillaient pendant une année, quelque temps avant ce nouvel impôt.

Quand le secret de nos Écossais arriva aux oreilles de l'autorité, elle mit un nouvel impôt sur le gallon de spiritueux. Le premier impôt de 1786, était de 30 schellings ; le nouvel impôt de 1788 fut de 3 livres. Nos distillateurs perfectionnent leurs appareils et déjouent une seconde fois les calculs du fisc ; un autre impôt vient en 1793 ; il est de 9 livres par gallon. Ensuite, il y eut un autre perfectionnement, suivi encore d'un impôt de 18 livres, en 1798. Enfin, en 1799, l'impôt est de 54 livres par gallon de spiritueux, mais l'on ne met plus aussi une année, ni même huit jours, comme en 1786, à l'époque où l'assiette de l'impôt fut changée, on ne met que 8 minutes pour distiller une même quantité de spiritueux : progrès notable en 12 ans.

Mac-Culloch après avoir raconté ce fait, conclut que plus un gouvernement impose un peuple, plus il porte ce peuple à faire des progrès : il y a dans la conclusion de Mac-Culloch quelque chose d'erroné et quelque chose de vrai. Je ne demande pas que les propriétés foncières d'Haïti soient imposées outre mesure ; mais je dis au gouvernement : « Après avoir déterminé la valeur vénale de toutes les propriétés foncières, prenez dans divers points du pays, dans diverses communes, les baux de plusieurs années des différentes propriétés. Avec ces baux, vous aurez le revenu normal des propriétés. Imposez ce revenu normal et immédiatement les propriétés qui sommeillaient se réveilleront et marcheront bien vite pour ne pas être entamées par le fouet de l'impôt foncier.

« Il faut établir l'impôt foncier à Haïti (1). »

---

(1) Voyez, pour le développement complet de ce chapitre, mon livre : *La grande réforme financière*, 4ᵉ partie.

# CHAPITRE XIV.

## DE L'IMPÔT SUR LES MAISONS.

Dans plusieurs pays, en France aussi, on confond sous un même nom de l'impôt foncier, l'impôt mis sur les propriétés bâties et l'impôt mis sur les maisons. — C'est, à mon point de vue, une erreur capitale, puisque ces deux impôts n'ont pas la même incidence, la même réfraction.

Supposons un impôt sur les propriétés non bâties ? — Cet impôt, à moins qu'il ne soit lourd, mal assis, ce qui doit avoir pour effet de diminuer l'offre, — portera uniquement sur les propriétaires du fonds. Eux seuls souffriront de l'augmentation de cet impôt et se réjouiront de son abaissement : les consommateurs n'auront rien à y voir, si l'offre n'est pas restreinte de manière à troubler l'équilibre qui doit exister entre elle et la demande.

Mais supposons que cet impôt, au lieu de porter sur les propriétés non bâties, porte sur les maisons ; alors on ne saurait dire, comme dans le cas précédent, qu'il porte sur les propriétaires du fonds et que les consommateurs seront insensibles ou à la création, ou à l'augmentation, ou à l'abaissement de cet impôt.

En effet, pourquoi et quand bâtit-on dans un pays ?

Les propriétaires, ou les capitalistes, propriétaires de terres ou non, — car il y a dans beaucoup de pays des associations pour la construction des maisons, de même qu'il y a des associations pour les entreprises agricoles et industrielles, —les capitalistes, dis je, ne consentent à employer leur argent à la construction des maisons, qu'autant que l'emploi de cet argent puisse leur rapporter dans la construction de ces maisons, non pas *autant*, comme l'ont dit certaines personnes, mais *plus* que cet argent leur rapporterait, placé dans une autre entreprise.

Or, l'avantage que les capitalistes peuvent avoir à placer leur argent dans la construction des maisons, n'est évident pour eux, qu'autant que dans le prix des loyers de ces maisons, ils peuvent tirer, à part l'intérêt de leurs capitaux, etc., le montant de l'impôt que l'État prélève sur les maisons.

L'intention de celui qui emploie son argent à construire des maisons, est de mettre l'impôt dans le bordereau du locataire.

Sans doute, le locataire peut arriver à s'en affranchir par des circonstances indépendantes de sa volonté ; mais peut-on tenir un si grand compte de ces circonstances, jusqu'à ne pas avouer que l'impôt sur les maisons tombe di-

rectement sur les locataires, et à ne pas le sé-
parer de l'impôt sur les propriétés non bâties
qui tombe, lui, sur les propriétaires de terres.

L'impôt sur les maisons existe en France,
mais avec le vice que j'ai signalé. En 1837, cet
impôt rapportait sur un total de 6,763,556 de
propriétés bâties, la somme de 32,194,748 fr.
En 1860, il rapportait la somme de 42 millions.
Le chiffre de l'impôt sur les maisons sera bien
plus élevé le jour où les conseils municipaux
de France comprendront que, s'ils imposent, et
cela justement, bien entendu, les maisons cons-
truites actuellement d'après leur revenu actuel,
il est injuste d'imposer les anciennes maisons
d'après le revenu estimé depuis quinze, vingt,
trente années, etc. L'impôt sur les maisons
exige, tout aussi souvent que l'impôt sur le sol,
une révision périodique de l'estimation des
propriétés.

Pour atteindre les maisons en Angleterre,
on a employé différents impôts : au XVIIe siècle, il y a eu le « *hearth-money* » ; au XVIIIe
siècle, il y a eu le « *window-tax* » ; et, en ce
moment, il n'existe que « *l'income-tax* » et le
« *land-tax* », établi depuis 1869. L'income-
tax rapporte bien plus à l'Angleterre que l'impôt sur les maisons rapporte à la France.

Le *window-tax*, dont j'ai parlé, était un impôt sur les fenêtres. En 1775, le window tax
variait depuis 2 pences par fenêtre, quand il

s'agissait de maisons affligées de sept fenêtres ou plus, jusqu'à 2 schellings par fenêtre de maisons ayant vingt-cinq fenêtres ou plus.

Plus tard, le window-tax reçut une grande modification. Les maisons qui n'avaient pas plus de six fenêtres et dont la valeur locative ne dépassait pas 100 francs l'an, ne furent plus frappées par cet impôt. En 1851, le window-tax fut tout-à-fait supprimé en Angleterre et remplacé par une taxe sur les maisons...

Le *window-tax*, supprimé en Angleterre, continue à rester en France, qui le lui avait emprunté. C'est l'impôt des portes et fenêtres, décrété par la loi du 4 frimaire an VII.

Toutes les portes et fenêtres donnant sur les rues, les cours ou les jardins des bâtiments et des usines, paient une taxe qui varie d'après la *population*, le *nombre des ouvertures* et leur *qualité*.

Il y a quelques exceptions accordées par la loi à cette taxe:

Ainsi les portes et fenêtres employées à un service public civil, militaire ou d'instruction, les portes et fenêtres des *manufactures* qui ne servent pas à l'habitation personnelle des propriétaires, de leurs concierges, ou de leurs commis, etc.

Mais c'est aux États-Unis que l'impôt sur les maisons est une des principales ressources de l'État. Cet impôt est souvent de 30 à 40 pour cent du revenu, et se joint dans ce pays à l'impôt mobilier. Dans la Nouvelle-Orléans, en Philadelphie, dans l'État du Maine, l'impôt sur les maisons atteint des proportions très-grandes.

Je crois qu'il y a déjà à Haïti un impôt assis sur la valeur locative des maisons, mais cet impôt, autant que je me le rappelle, ne dépasse pas 2 pour cent du revenu annuel des maisons, et est affecté, non pas aux dépenses de l'État, mais aux dépenses communales du lieu où l'immeuble est situé. Cet impôt insignifiant doit être redressé.

Qu'on estime donc le revenu annuel de chaque maison et qu'on impose ce revenu sérieusement.

L'impôt sur les maisons a un grand avantage sur l'impôt foncier proprement dit et sur l'impôt personnel. Et c'est peut-être pour ce grand avantage sur ces deux impôts que l'impôt sur les maisons est si élevé aux États-Unis.

Un des avantages évidents des impôts perçus dans les douanes sur les impôts foncier et personnel, c'est que le commerçant qui paie le premier ne s'en plaint pas. Et rappelons qu'il aurait eu tort de s'en plaindre, puisqu'il peut mettre l'impôt qu'il paie aux douanes dans ses factures.

C'est un autre que le commerçant qui paie en définitive, comme je l'ai déjà dit, l'impôt perçu dans *les douanes*.

Si les taxes douanières sont élevées, quand le consommateur est obligé de rembourser ces taxes au commerçant producteur dans ses achats, il sent bien moins ses taxes que s'il les payait directement au gouvernement.

Dans l'impôt assis sur les maisons, je vois ce même avantage des impôts perçus par les douanes.

Qui supporte, en définitive, les impôts assis sur les maisons ? — Ce sont les locataires, à moins de certaines circonstances anormales.

Ne peut-on pas élever cet impôt assis sur les maisons un peu plus que les impôts assis sur les propriétés bâties et sur les personnes ?

Je crois que l'on pourra *d'abord* prélever sur les maisons un impôt du *cinquième* de leur revenu annuel.

Supposons que le revenu annuel des propriétés bâties de la République, soit de neuf cent mille piastres (P. 900,000). Le gouvernement pourra par l'impôt sur les maisons prélevé au cinquième du revenu, avoir la somme de cent-soixante mille piastres (P. 160,000).

J'ai dit qu'il faut une commission spéciale pour estimer la valeur vénale des propriétés non bâties, afin d'asseoir l'impôt sur ces propriétés. Mais pour déterminer l'impôt sur le revenu annuel des propriétés bâties, on n'a besoin d'aucune commission particulière, puisque les conseils communaux peuvent, eux-mêmes, faire ce travail, s'il n'est pas déjà fait par eux.

L'impôt sur les maisons est destiné à être une des principales ressources du pays, Plus un pays, plus une nation prospère, plus on y fait de constructions.

Dans un pays où l'impôt sur les maisons est établi, on exempte toujours de cet impôt certains établissements. Il est juste que le gouvernement haïtien aussi suive cette bonne pratique ; mais qu'il ne la pousse pas à l'excès, car il commettrait certaines fautes de nature à amener un trouble économique dans les assises fiscales du pays.

Dans plusieurs pays aussi, il est d'usage de n'imposer une maison que lorsqu'elle est habitable, que lorsqu'elle est construite. Le gouvernement haïtien doit-il suivre aussi cette coutume ?

— Je ne le pense pas. Les gouvernements qui jusqu'ici, n'ont pas imposé les maisons immédiatement après leur achèvement ou bien après qu'elles sont habitées, ont toujours, si je ne me trompe, péché par excès de zèle.

Il y a toujours un prix courant dans les locations de maisons. Et les maisons, dont la construction est achevée ou non, se louent toujours à ce prix courant. Ce n'est pas le producteur de maisons qui dira au consommateur : Il y a un prix courant, mais tu loueras à meilleur marché qu'ailleurs, parce que je ne paie pas d'impôt.

Au contraire, il louera sa maison au prix courant ; et comme dans ce prix courant, il y a toujours, à part l'intérêt du capital employé à la construction, etc.. le montant de l'impôt des maisons louées, comme je l'ai dit plus haut, les locataires des maisons de la catégorie de celles dont je parle, paieront aux propriétaires le montant de l'impôt dans le montant du loyer de ces maisons.

Mieux vaut que le gouvernement n'exempte pas ces maisons de l'impôt et ne se perde pas dans un excès de bienveillance pour ces producteurs qui n'en ont pas besoin, puisque, je le répète, ils se font toujours payer par le locataire le montant de l'impôt des maisons.

Quant à l'impôt sur les portes et fenêtres, qui a disparu de l'Angleterre et qui existe encore en France, je le proscris sévèrement : on ne doit pas vendre l'air et la lumière à des hommes libres.

« Il faut établir l'impôt sur les maisons à Haïti. »

# CHAPITRE XV.

## DE L'IMPÔT MOBILIER.

Beaucoup des impôts dont j'ai déjà parlé ne sont admis, jusqu'ici, que comme impôt tombant directement sur le revenu.

Ainsi l'impôt des vingtièmes d'autrefois.

Ainsi encore l'impôt personnel et les droits de consommation qui existent aujourd'hui.

Le jour où le législateur aura une exacte connaissance de la fortune publique, tous ces impôts seront remplacés par l'impôt unique sur le revenu.

Mais que nous sommes encore éloignés de ce jour !

Pour arriver à l'exacte connaissance de la fortune, pour remplacer les impôts dont je viens de parler par l'impôt unique, deux moyens doivent frapper l'esprit du législateur. Et ces deux moyens sont presqu'inapplicables. Le premier, parce qu'il conduirait à l'inquisition, à l'arbitraire le plus grand ; le second, à une parfaite puérilité. Et dans une question aussi élevée que celle de la part contributive de chacun aux charges de l'État, dans une question d'une importance aussi grande que les questions financières, les inquisitions, les procédés puérils doivent être rigoureusement bannis.

Le premier moyen est que le gouvernement passerait sous ses yeux les négociations annuelles de chaque contribuable, s'immiscerait dans les détails de ses opérations et vérifierait ainsi l'actif et le passif de chacun.

Quelle que soit l'importance de la première règle d'Adam Smith en matière d'impôt, aucun économiste, aucun financier ne saurait recommander ces immixtions annuelles d'un État dans les affaires des contribuables, cette ingérence du gouvernement dans la vie des administrés.

Le second procédé, ai-je dit, conduirait à la puérilité. En effet, pour arriver à l'exacte connaissance de la fortune publique, le gouvernement pourrait encore se confier à la bonne foi des contribuables. Il pourrait dire à chacun de déclarer le *quantum* du revenu qu'il possède. Et lui, gouvernement, imposerait les contribuables proportionnellement au *quantum* déclaré par chacun d'eux.

Il n'y a jusqu'ici que peu de pays où ce second procédé est admis.

En Angleterre, c'est d'après la déclaration du contribuable qu'on prélève l'impôt sur le revenu.

Autrefois, vers 1840, dans le canton de Zurich, l'on se remettait, non pas à la déclaration du contribuable, mais encore à sa discrétion. Le contribuable n'avait aucune déclaration à faire. Il allait seulement déposer dans un coffre-fort, placé sous la surveillance de deux membres du conseil de Zurich, sa part contributive aux dépenses publiques.

Beaucoup de personnes affirment que bien souvent les sommes déposées par les Zurichois, dépassaient les espérances du gouvernement.

Le jour où le gouvernement connaîtra le revenu de chacun, le grand problème de l'impôt unique sur le revenu sera résolu à la satisfaction de tous.

A la satisfaction du gouvernement, qui imposera réellement chaque contribuable eu égard à ses facultés !

A la satisfaction du contribuable, qui ne paiera dans les dépenses publiques, que juste ce qu'il doit à l'État.

Mais en ce moment, les gouvernements sont obligés de s'arrêter à des présomptions plus ou moins justes, à des indices plus ou moins trompeurs.

Une de ces présomptions les plus justes, un des indices les moins trompeurs, à mon avis, auxquels les gouvernements se sont arrêtés pour déterminer les revenus des contribuables, est l'importance du loyer d'habitation.

En effet, l'aisance personnelle des contribuables se trouve bien mieux déterminée par le loyer d'habitation qu'autrement : celui qui n'a qu'un petit revenu a un loyer d'habitation de bien moindre importance que celui qui a un grand revenu. Et si parfois les présomptions du fisc n'étaient pas fondées d'une manière très-précise, d'une manière très-juste, le mal ne serait pas aussi grand qu'on pourrait être tenté de le croire.

Supposons qu'une personne d'un revenu élevé, n'ait pas une habitation en rapport avec ce revenu, le fisc se rattrapera bien à la mort de notre parcimonieux sur les économies qu'il aura réalisées.

Supposons maintenant qu'une personne d'un revenu de petite importance, ait une habitation qui dénote un revenu de grande importance. Cette personne, qui est présumée posséder un revenu de grande importance, et qui est imposée comme ayant un revenu plus fort qu'elle n'en a réellement, ne saurait se plaindre de la forte taxation du fisc. Elle doit supporter les résultats de son extravagance, les conséquences de sa folie.

C'est la loi du 18 février 1791 qui a fixé en France l'impôt dit mobilier au vingtième du revenu mobilier évalué d'après le loyer.

La commission d'imposition dans son rapport a parlé en ces termes :

« La contribution foncière ne présente que des idées nettes, qu'un mécanisme simple.

. . . . . . . . . . . . . . . . . . . . . . . . . .
. . . . . . . . . . . . . . . . . . . . . . . . . .

« Il n'est pas de même pour la contribution mobilière; elle doit porter sur tous les autres revenus qui n'ont pas contribué, et ces revenus sont ceux qui ne viennent pas de la contribution foncière : les rentes actives, les rentes de capitaux placés dans les fonds publics, les intérêts des capitaux placés dans les entreprises industrielles de tout genre, les salaires de toute espèce de travaux qui, exigeant une intelligence exercée et une habileté perfectionnée, supposent des apprentissages dont les frais peuvent être considérés comme un capital qu'on a placé soi-même et dont on doit tirer un bénéfice proportionnel.

« Tous ceux qui jouissent de semblables revenus en jouissent sous la protection publique, comme les propriétaires fonceirs jouissent de leurs propriétés, sous la même protection, et les uns doivent contribuer comme les autres.

« Mais il importe, en taxant les revenus mobiliers, de considérer les risques auxquels ces revenus sont exposés, l'incertitude d'un produit constant et uniforme, la difficulté de les reconnaître et de les évaluer à leur véritable taux : ces considérations doivent déterminer à les taxer avec modération. »

L'Assemblée nationale n'a pas manqué de faire comprendre toutes les difficultés aux-

quelles pouvait donner lieu l'impôt sur le revenu mobilier.

« Les produits, a-t-elle dit, des capitaux mobiliers ne sont point faciles à reconnaître, surtout dans un pays où la Constitution, les principes, les droits, les lois et les mœurs proscrivent
toute espèce d'inquisition.

« Cependant il est une indication, sinon parfaitement exacte, du moins assez régulièrement
approximative ; cette indication est le logement destiné à l'habitation personnelle : il est
si naturel à l'homme de chercher à embellir le
séjour où il passe la plus grande partie de sa
vie, que presque personne n'est arrêté, dans ce
penchant, que par l'impuissance de le satisfaire,
et que, à très-peu d'exceptions près, le prix des
logements d'habitation indique la graduation
des richesses.

« On observe néanmoins que plus les hommes
sont pauvres, plus leur logement absorbe une
portion considérable de leur petite fortune, car
le besoin de se loger étant indispensable et le
prix du loyer ne pouvant être restreint au-dessous de ce loyer qui est moyennement nécessaire pour rembourser aux propriétaires l'intérêt
du capital de leurs maisons, les citoyens très-
pauvres sont obligés de partager leur dépense
entre leur subsistance et leur logement. »

D'après cette loi un loyer de 100 francs suppose un revenu double, de 100 à 150 francs un

revenu du triple, de 500 à 1,000 francs un revenu quadruple.

Cette loi faisait déduire du revenu mobilier, déterminé d'après le loyer d'habitation, le montant du revenu foncier payé. Et c'est la différence entre le revenu mobilier et foncier que le contribuable payait comme impôt mobilier.

Mais depuis longtemps, cette dernière disposition était abrogée.

Il y a pour l'impôt mobilier, comme pour l'impôt foncier des *villes rédimées*. Et les communes après avoir payé de leur caisse la charge mobilière qui leur est imposée prélèvent sur le produit des *octrois* le montant de la charge payée par les contribuables.

L'impôt mobilier était composé, d'après la loi de 91, de :

1° La taxe dite cote d'habitation fixée en raison du revenu présumé;

2° Une taxe équivalente au prix de 3 journées de travail due par tout individu non indigent;

3° Deux taxes, l'une en raison des domestiques, l'autre en raison des chevaux de luxe. J'ai déjà parlé des deux premières taxes; il me faut maintenant dire un mot de la dernière taxe.

Ces deux taxes, l'une sur les voitures, l'autre sur les domestiques sont appelées *taxes somptuaires*.

Elles n'existent pas seulement en France, elles existent encore dans bien des pays où l'impôt mobilier est admis.

Presqu'à la même époque où l'impôt mobilier a été établi en France, on rencontre ces taxes somptuaires en Hollande. Elles y étaient nommées *plaisier gelden*, taxe de plaisir.

C'est avec un soin particulier que le législateur Hollandais a déterminé ces taxes somptuaires :

Les taxes somptuaires étaient, en 1781 :

Pour une voiture à 4 roues appartenant à un particulier. . . . . . . . . . . . . . 150 florins.

Avec 4 chev. à 4 roues encore. 100—en sus.

Avec 3 chevaux. . . . . . . . . 80—en sus.

Avec 2 chevaux. . . . . . . . . 70—en sus.

Pour une voiture à deux roues avec plus d'un cheval. . . . . . 40—en sus.

Pour une voiture à un cheval. 30—en sus.

Pour un cheval de selle. . . . 20—en sus.

Pour... etc., etc. . . . . . . . . . . . . . . . .

Les taxes somptuaires sur les chevaux de luxe étaient en 1805 :

Pour le premier cheval. . . . 25 florins.

—     second . . . . . . . . . 45—

—     troisième. . . . . . . . 25—

—     quatrième. . . . . . . . 75—

—     cinquième. . . . . . . . 25—

—     sixième. . . . . . . . 125—

Et pour chaque en sus. . . . . 50—

Dans plusieurs pays, outre les taxes sur les domestiques et les voitures, il y a encore d'autres taxes d'un produit assez médiocre il est vrai, mais que les économistes reconnaissent comme d'excellentes taxes.

Dans le Mississipi, il y a des taxes sur les chevaux, les voitures, les pianos, les quilles, les couteaux-poignards. On a voulu, dernièrement, établir dans cet État une taxe sur les parapluies.

En Suède, il y a une taxe sur les montres.

Dans la grande Bretagne, les *assessed-taxes* comprennent les taxes sur les domestiques, sur les *chiens*, etc.

L'impôt sur la *poudre à cheveux* a existé en Angleterre. A la fin du siècle dernier, cet impôt avait produit des centaines de mille livres. Son produit a été d'une importance tellement minime en ces derniers temps, que le gouvernement Britannique, par une loi de 1870, l'a complétement aboli.

Je demande que l'impôt mobilier soit établi aussi à Haïti.

Le gouvernement doit prélever cet impôt sur la partie de la valeur locative affectée à l'aisance personnelle du contribuable.

Les magasins, les auberges, les usines et ateliers, doivent en être exemptés, puisque ces bâtiments, ces locaux ne sont pas affectés à l'aisance personnelle du contribuable.

Les boutiques doivent-elles être imposées ? Je ne le pense pas, parce que les boutiques ne sont pas destinées à l'aisance mais bien au commerce du contribuable.

Le gouvernement doit s'occuper avec soin de la détermination de l'*habitation* des contribuables, afin que l'impôt mobilier ne retombe pas sur eux d'une manière vexatoire.

Il y a deux parties dans le logement. Il y a la partie nécessaire et une autre partie, que j'appelle la partie d'aisance.

Ces deux parties se comprennent bien d'elles-mêmes.

Ce n'est pas la partie nécessaire du logement, ce n'est pas le logement nécessaire que le gouvernement doit imposer, c'est la partie d'aisance, c'est le logement d'aisance qui doit supporter la charge de l'impôt mobilier.

Le gouvernement a divisé, jusqu'ici, les com munes de la République en plusieurs classes.

Ce classement des communes en plusieurs catégories, utile à beaucoup de points de vue, est encore utile pour la détermination de l'impôt mobilier.

Le logemeut subit des variations d'une commune à une autre.

Le logement nécessaire de la commune de Port-au-Prince n'est pas le même que le logement nécessaire d'une commune de deuxième classe, ou d'une commune de quatrième classe,

De même, le logement nécessaire d'une commune de deuxième classe n'est pas le même que celui d'une commune de troisième classe, de quatrième classe.

Si le gouvernement admet qu'il faut une dépense de cent piastres l'an, pour avoir un logement nécessaire à Port-au-Prince, je dis qu'avec la même somme de cent piastres, on peut avoir dans une commune de deuxième classe, un logement d'aisance, et dans une commune de troisième classe, un plus grand logement d'aisance.

Le logement nécessaire varie non-seulement d'une ville à une autre, mais encore dans une même ville. Le logement nécessaire varie dans une même ville d'une personne à une autre.

Le célibataire n'a pas besoin d'un logement comme celui d'un ménage. Si le célibataire est logé comme un ménage, c'est une présomption que son revenu est supérieur à celui du ménage. Par conséquent, le célibataire qui a un logement comme celui d'un ménage, doit être plus lourdement imposé que ce ménage.

Ainsi, si le gouvernement fixe le taux de l'impôt mobilier à quinze pour cent du logement d'aisance par ménage, le taux pourra être pour le célibataire de vingt pour cent, ou de vingt-cinq même du logement d'aisance. Le logement nécessaire ne varie pas dans une même ville entre un célibataire et un ménage seulement. Il varie aussi entre les ménages.

Le logement nécessaire n'est pas le même pour un ménage où il y a trois, cinq, dix enfants que pour un ménage où il n'y en a pas du tout.

De sorte que le gouvernement ne peut pas imposer ces deux ménages différents de la même façon.

Si l'impôt est de 15 pour cent par ménage, le célibataire pourra payer, ai-je dit tout à l'heure, vingt, vingt-cinq pour cent du montant du logement d'aisance.

Dans le cas où le ménage a des enfants, il faut suivre la règle inverse. Au lieu d'augmenter le taux de l'impôt, il faut, au contraire, le diminuer.

Si un ménage qui a deux, trois enfants, paie l'impôt fixé au taux de 15 pour cent, le ménage qui a quatre enfants, pourra payer l'impôt au taux de 14 ; et le ménage qui a cinq enfants, pourra payer l'impôt au taux de 13. C'est au gouvernement à voir ce qu'il faut faire dans la circonstance. C'est lui qui doit savoir si la diminution doit être d'une piastre, de deux ou de trois piastres pour chaque enfant dépassant soit deux, soit trois enfants.

A côté de l'impôt sur le mobilier, j'ajoute deux taxes somptuaires.

La première taxe, je la mets sur les voitures : la seconde, je la mets sur les pianos.

Personne ne peut contester que chez nous un piano n'accuse certaine aisance. Et tout le monde sait aussi qu'une voiture est uu signe de fortune.

Le gouvernement imposera les pianos, imposera les voitures.

Ces taxes somptuaires, je le reconnais, ne produiront pas des *millions*, mais petit fretin peut devenir gros poisson (1).

Le gouvernement n'imposera pas lourdement les voitures et les pianos.

Un impôt de 3 piastres par piano et un impôt de 5 piastres *par voiture d'une place* donneront certains profits au gouvernement.

Ces impôts somptuaires serviront d'accessoires à l'impôt mobilier :

« Il faut établir l'impôt mobilier à Haïti. »

----

(1) Beaucoup de personnes pourraient croire que c'est naïf de parler d'un impôt sur les pianos et d'un impôt sur les voitures, etc.: mais que mes naïvetés instruisent ces naïfs. A part les impôts dont j'ai déjà parlé, il a existé dans différents pays des impôts d'un produit infiniment petit. En Hollande, il y a eu l'impôt sur les *tulipes,* — qui l'eût cru? — A Venise, les perruques étaient taxées. — Et Charles XII, d'après ce que nous en dit Voltaire, taxait à une époque ceux qui portaient de la soie dans l'étoffe de leurs vêtements, taxait aussi les perruques et les épées dorées. En Autriche et en Hollande, au XVIIe siècle, on taxait les bottes et les souliers. Que ces impôts *naïfs,* je le répète, instruisent ces naïfs.

# TROISIEME PARTIE.

## CHAPITRE XVI.

> « Vous ne voulez point marcher
> de peur de vous casser les jambes,
> etc. etc. »
>
> (TURGOT).

— Je comprends parfaitement tout le système financier que vous avez exposé. Avec votre système, la production nationale sera dégrevée des cinq impôts qui l'empêchent d'avoir un développement complet. Je dis cinq impôts, car l'industrie agricole paie : 1º une redevance au spéculateur en denrées, intermédiaire obligé entre elle et le consignataire ; 2º une redevance au consignataire, intermédiaire obligé entre le spéculateur en denrées et le consommateur étranger ; 3º des droits aux douanes, droits qui montent jusqu'à cinq piastres près pour le café, trois piastres pour le coton et deux piastres pour le campêche.

L'industrie nationale paie encore une redevance au producteur national, car.....

— Qu'appelez-vous donc producteur national ?

Je ne comprends pas l'industrie nationale payant une redevance au producteur national.

— Quand je dis l'industrie nationale, j'entends parler de l'industrie agricole, car je crois que c'est ainsi que vous avez constamment appelé l'industrie agricole. Et quand je dis producteur national, j'entends parler des producteurs qui reçoivent du gouvernement le secours des droits protecteurs. J'appelle ces producteurs : *producteurs nationaux*, pour les distinguer des *producteurs* étrangers qui envoient dans le pays des marchandises semblables à celles que nos producteurs fabriquent. Qu'en pensez-vous? Hein.

— J'ai pu me servir de l'expression « producteur national » pour désigner le producteur auquel vous faites allusion en ce moment, pour désigner celui qui ne peut produire chez nous qu'à l'aide des droits protecteurs ; j'ai pu me servir de cette expression pour me conformer à l'usage, pour parler le langage employé par les économistes. Mais pour moi, le producteur national est le producteur qui est dans l'industrie-mère d'un pays. Le producteur national est celui qui se trouve dans les industries pour lesquelles le pays est propice.

Le producteur national est celui qui produit dans les industries auxquelles le pays et la population sont aptes. Le producteur national ne peut donc jamais avoir besoin de droits protecteurs pour faire marcher son industrie. Chez nous, le vrai producteur national est le producteur agricole.

Les producteurs qui ne peuvent vivre qu'à l'aide des droits protecteurs, ne sont pas de vrais producteurs nationaux. Ne les appelons pas *producteurs nationaux*, puisque les productions auxquelles ils se livrent sont des productions que le gouvernement cherche à implanter dans le pays, des productions pour lesquelles le pays n'est pas aussi propice que pour la production agricole, des productions pour lesquelles le pays et la population n'ont pas leur principale aptitude.

— Alors, il ne faut pas que j'appelle les tailleurs, les cordonniers, producteurs nationaux.

— En les appelant producteurs nationaux vous êtes d'accord avec les économistes ; mais vous n'êtes pas d'accord avec la raison, la logique et le bon sens.

— Eh bien, pour être d'accord avec la logique et le bon sens, je ne les appelle plus producteurs nationaux ; et pour être d'accord avec vous, je dis que la production de cette classe d'industriels n'est pas la production nationale, mais bien une production..... une production........

— Artificielle.

— Artificielle. Oui, l'expression est juste, car si les secours de toutes sortes que cette classe de producteurs reçoit du gouvernement, viennent à disparaître, immédiatement la production à laquelle elle se livre, végétera. Et dans peu de temps elle disparaîtrait. Tandis que la production agricole ne peut jamais disparaître de chez nous. Elle peut *végéter* par les mauvaises dispositions fiscales de nos financiers ; son développement peut être retardé ; mais elle existera toujours chez nous. Et le jour où notre administration aura pour base la justice, la science, elle ne sera pas dans cet état de délabrement dans lequel elle se trouve.....

— Tout naturellement...

— Ainsi donc, — pour continuer ce que je vous disais, l'industrie agricole paie encore un quatrième impôt aux classes de la nation qui se livrent aux productions artificielles, et un cinquième impôt aux *intermédiaires obligés*, placés entre les producteurs étrangers et elle.

— Oui, cinq impôts.

— Vous demandez l'abolition entière et radicale de ces cinq impôts afin que cette industrie puisse se relever.

— Oui, je demande la justice pour tous, je demande l'égalité des citoyens devant la loi. Et je demande dans notre pays l'application des règles saines de la science économique.

— Ce que vous demandez est fort juste, est en accord avec la science économique, car les quelques sommes que nos dispositions fiscales enlèvent à l'industrie agricole. ...

— Les quelques sommes, dites-vous ? Mais pouvez vous calculer ces sommes ?

— On ne peut recourir qu'à des approximations.

— Oui, à des approximations.

— Eh bien, calculons ! Soit, 50,000,000 de livres de café en moyenne payant, par an au gouvernement, la somme de quatre piastres les cent livres, abstraction faite des centimes : voilà déjà *deux millions* qui retourneraient à l'Industrie agricole. — Soit encore sur ces cinquante millions de livres de café, une redevance moyenne d'une piastre pour les spéculateurs en denrées par cent livres. Voilà encore la somme de cinq cent mille piastres qui retournerait a l'Industrie agricole. — Soit encore dans les cinquante millions de café, la somme de cinq cent mille piastres perçues par les consignataires qui retournerait à l'Industrie agricole. — Soit, enfin, dans les cinquante millions de livres de café, la somme d'un million de piastres qui resterait chez nos agriculteurs, laquelle somme, est, en ce moment, entre les mains des industriels *protégés nationaux* et des intermédiaires obligés qui se trouvent entre l'agriculteur et le producteur étranger, je veux dire entre les mains des tailleurs, cordonniers, chapeliers, des marchands en gros, en demi-gros, en détail, etc.

Alors il y aurait, au bas mot, la somme de

quatre millions destinée à nos producteur nationaux.

— Oui, il y aura d'abord, au bas mot, quatre
millions qui iront chez les producteurs nationaux qui se livrent à la culture du café. Car
n'oubliez pas que vous n'avez envisagé que le
café dans ce calcul.

— C'est juste.

— Maintenant, soit la somme de trois millions qui irait chez nos autres producteurs nationaux, chez ceux qui se livrent à la culture
du coton, du campêche, du cacao, à la préparation du sucre.

— Oui, soit trois millions, car ces producteurs
nationaux, tout comme les premiers, paient des
droits aux douanes et des redevances de toutes
sortes.

— Eh bien ! toute cette grosse somme de sept
millions irait développer l'Industrie agricole.

— *Au moins sept millions*, car nous n'a-
vons pris les choses qu'au pis.

— Oui, nous n'avons pas mis dans nos calculs
les droits énormes qui ne rentrent pas dans les
caisses de l'État, etc.

— Tout cela, c'est bien. L'encouragement de
l'agriculture amènera le travail et l'activité
chez nous. Mais les dépenses de l'État doivent
être faites; et les moyens que vous proposez ren-
contreront beaucoup de difficultés pratiques.

D'abord, les recensements faits chez nous

jusqu'ici, n'ont pas été parfaits ; et je doute que l'on puisse arriver à les rendre meilleurs pour l'assiette de l'impôt personnel.

Ensuite, les moyens que vous proposez d'employer pour la détermination de l'impôt foncier, n'arriveront pas à de bons résultats.

Je crois comme vous, que, pour asseoir l'impôt foncier sur des bases rationnelles, il faut déterminer la valeur vénale des propriétés foncières ; mais le peuple qui n'est pas habitué à ce nouvel impôt, le supportera-t-il facilement ?

En un mot, votre système n'est pas bien mauvais. Mais il y a une grande différence entre un système financier combiné dans le sang-froid du cabinet et ce système financier appliqué à un pays.

— Toujours les préjugés de la routine, toujours la peur des choses nouvelles. Turgot disait, il y a un siècle, à ceux qui trouvaient mille et une raisons comme vous, pour ne pas accepter les procédés nouveaux : « Vous ne voulez point marcher de peur de vous casser les jambes. Mais par là vous êtes dans le cas de celui qui aurait les jambes cassées, les vôtres vous sont inutiles. » — Aujourd'hui, je vous dis : marchez donc, marchez, puisque vos jambes ne sont pas encore cassées.

## CHAPITRE XVII.

### LES TRANSITIONS. etc,

> « Il faut porter respectueusement
> la main sur les abus quand ils ont
> des cheveux gris… »

— Eh bien ! oui, je veux marcher et veux vous suivre. Oui, je demande comme vous, l'entière et radicale suppression des droits de douanes sur les produits agricoles, puisque ces droits contrarient le développement de la prospérité publique. Je demande aussi l'entière et radicale suppression des droits fiscaux à l'importation, puisque l'échange est un droit tout aussi naturel que la propriété, puisque tout citoyen qui a acquis, qui a créé un produit quelconque, peut ou l'appliquer à son usage directement ou l'échanger contre l'objet dont il a besoin sur le marché général du monde.

Je demande l'entière et radicale suppression des droits protecteurs, puisque ces droits froissent la justice, blessent le grand principe de l'égalité devant la loi.

Je demande l'entière et radicale suppression des intermédiaires obligés entre le producteur de denrées et le consommateur, puisque la présence de ces intermédiaires gêne l'agriculture et, par conséquent, toutes les industries du pays ; puisque le gouvernemeut n'a pas le droit de maintenir ces privilèges exclusifs qui sont en contradiction flagrante avec le droit naturel.

Je demande l'entière et radicale suppression des intermédiaires obligés entre le consommateur et le producteur étranger, puisque ces intermédiaires obligés reçoivent des redevances de ces consommateurs.

En un mot, je demande l'entière et prompte application du système financier que vous avez exposé. Je demande vite l'impôt personnel, l'impôt foncier, l'impôt sur les maisons, l'impôt mobilier pour remplacer les impôts actuels. Vite, vite, marchons, marchons !

— Vous allez trop vite maintenant.

— Quoi ! trop vite ! Pourquoi avez-vous montré les abus de notre administration, si l'on ne devait déraciner ces abus bien vite .... Puisque vous avez exposé un système financier, vous devez en réclamer l'application immédiate..... Vous avez parlé contre le mal, n'hésitez pas à le remplacer par le bien.....

— J'ai parlé contre les abus de votre administration ; et je demande que votre système financier soit remplacé par un autre. J'ai parlé contre le mal existant et je demande qu'on y remédie. Mais ayez toujours présent à l'esprit ces idées fort justes d'un grand économiste : Même pour revenir du mal au bien et d'un état de chose artificiel à une situation naturelle des précautions sont recommandées par la prudence.

— Je ne vous comprends plus..... Vous dites qu'il faut encore souffrir ces abus, qu'il ne faut pas les attaquer de front..... Vous demandez du temps pour l'application de votre système. Quoi! Expliquez-vous !

Sully disait : « Il faut respecter les abus quand ils ont des cheveux gris. » Dites-vous la même chose ?

— Je ne dis pas la même chose, puisque je demande la suppression des abus qui entravent notre administration.

Mais je dis : « Qu'il faut porter respectueusement la main sur les abus quand ils ont des cheveux gris. »

D'après le grand homme, les vieux abus ne doivent pas être attaqués, ils doivent être respectés ; tandis que d'après moi, les vieux abus ne doivent pas être respectés ; ils doivent être attaqués, relevés d'une façon polie, par respect pour leurs cheveux gris.

— Bon ! je comprends.

— Ainsi donc on ne peut changer brusquement un système financier, un mauvais système financier même, sans prendre de grandes précautions. Il ne faut pas passer violemment d'un système d'administration à un autre système d'administration.

— Pourquoi encore, m'aviez-vous dit?

— Parce que, sous l'empire de ce mauvais système d'administration, il y a beaucoup de personnes qui se sont créé des positions. Et ces positions supporteront un choc trop violent, si vous passez immédiatement d'un système à un autre.

— Et l'Etat, par conséquent, s'en ressentira.

— Tout naturellement. Et cela aura pour effet de contrarier beaucoup le nouveau système que vous auriez employé.

— Se trop presser ne fait pas lever le soleil, dit-on communément.

— Oui! Ainsi, supposons que le gouvernement supprime demain les spéculateurs en denrées et les consignataires; supposons que demain le gouvernement retire à ces privilégiés le monopole qu'ils ont, il arrivera que tous les effets, que vous avez remarqués dans notre système financier, ne se montreront pas.

Beaucoup de spéculateurs en denrées resteront inactifs. Et, pendant ce temps, que de familles sans pain, que de privations, que de misères?

— Mais ils passeront dans un autre métier, ils feront un autre travail, ils s'emploieront ailleurs.

— C'est vrai. — C'est le résultat du système financier que j'ai exposé; ce sont les théories que j'ai développées. mais à côté de ces résultats que vous avez entrevus, à côté de ces théories que j'ai développées, il y a les faits.

— Et les faits pourraient démentir les théories que vous avez développées.

— Non, car mes théories sont basées sur les faits. Mais nous apprécions différemment les faits. Tels faits vous paraissent simples, tandis que ces faits sont très-complexes. Tels faits sont pour vous ou pour un autre, d'une importance secondaire, tandis que ces faits sont d'une très-grande importance.

— Oui, mais les faits, les faits..... c'est que, dans notre hypothèse, beaucoup de nos spéculateurs en denrées passeront dans un autre métier, feront un autre travail et s'emploieront ailleurs.

— Oui, *vous voyez bien* les spéculateurs en denrées ...... dans un autre métier ...... dans un autre travail, etc.; mais, *vous ne voyez pas* les privations, les peines, les difficultés de toutes sortes.....

— Quelles peines, quelles privations, quelles difficultés de toutes sortes?...

— Ainsi, *vous voyez bien* beaucoup de spéculateurs obligés de passer, je suppose, dans l'industrie agricole, *quand les pratiques* ne viennent plus chez eux : mais *vous ne voyez pas* que pour passer dans l'industrie agricole, il faut d'abord avoir des terres.

— Mais supposons qu'ils en aient.

— Oui, je suppose qu'ils en aient : la difficulté est déplacée, mais elle n'est pas levée. *Vous voyez bien* ces spéculateurs, propriétaires ou fermiers, se jeter dans l'industrie agricole, mais *vous ne voyez pas* ces spéculateurs faisant l'apprentissage d'une industrie nouvelle. *Vous ne voyez pas* ces spéculateurs, peut-être pères de famille, achetant cher l'expérience de la vie agricole, perdant de l'argent dans une industrie à laquelle ils ne sont pas habitués. *Vous ne voyez pas* les privations, les peines, les embarras de toute une classe d'hommes.

— Mais je suppose qu'ils aient déjà l'habitude de la vie agricole, qu'ils peuvent s'y jeter sans éprouver tous les maux dont vous venez de faire l'énumération.

— Encore une fois, la difficulté est déplacée, mais non levée. *Vous voyez bien* nos spéculateurs n'éprouvant aucun embarras et cultivant bien les terres, mais *vous ne voyez pas*, maintenant, les privations, les gênes de nos spéculateurs pendant plusieurs mois, pendant plusieurs années peut être.

Quand on sème aujourd'hui, quand on cultive aujourd'hui, on ne récolte pas demain. *Vous ne voyez pas* des familles entières, livrées à une vie nouvelle, dans la plus grande gêne, dans la plus grande misère peut-être, attendant, de ce nouveau genre de vie, la rémunération de leurs peines, de leurs fatigues, de leur travail.

— Ah ! je comprends maintenant.

— Et ce que je vous dis des spéculateurs en denrées, je vous le dis des marchands en gros, je vous le dis des marchands en détail.

— Les mêmes privations, les mêmes peines, les mêmes embarras, les mêmes gênes pour les marchands en gros, pour les marchands en détail.

— Absolument. Quand les consommateurs ont le droit d'acheter une aune d'indienne, une brique de savon des consignataires, *vous voyez bien* les économies réalisées par le bon marché de toutes les marchandises ; mais *vous ne voyez pas* que, si le gouvernement retirait, dès demain matin, aux marchands en gros, aux marchands en détail, les privilèges qu'ils ont, *vous ne voyez pas* que, dès demain matin, ces marchands en gros, ces marchands en détail ne pourraient plus faire écouler les marchandises qu'ils ont aujourd'hui sans essuyer de grandes pertes.

— Oui, il leur faudrait vendre au même prix que les consignataires : ils n'auraient rien gagné de ces ventes.....

— Et quand ils ne retirent aucun bénéfice des ventes opérées par eux, c'est la privation dans leur famille, c'est la misère avec son cortège de peines assise dans leur foyer.

Et ce que je vous dis des spéculateurs en denrées, des marchands en gros et en détail, je vous le dis aussi des consignataires.

Les consignataires font des affaires parfois à longue échéance. Et les denrées paient les trois quarts du temps, les marchandises qu'ils achèttent de l'étranger. Si, dès demain, vous leur retirez le privilège qu'ils ont, si, dès demain. vous permettez au consommateur étranger d'acheter, lui-même, du producteur de denrées, si, dès demain, vous permettez au consommateur haïtien d'acheter directement du producteur étranger, le consignataire ne pourra faire face à ses engagements sans éprouver beaucoup de pertes. La concurrence, qui lui sera faite par le producteur, par le consommateur étranger, le contrariera sûrement dans ses combinaisons.

— Cette violente concurrence empêchera le consignataire de faire ses remises à l'époque convenue.

— Et le protégé national aussi! Quand demain les droits protecteurs seront abolis, le protégé national sera obligé de passer dans une autre profession, et vous savez bien tout ce que ce passage donne de peines, de misères.........

. . . . . . . . . . . . . . . . . . . . . . . . . . . . . . .

Le gouvernement ne peut pas et ne doit pas changer son administration du jour au lendemain ; les négociants consignataires, les marchands en gros, les marchands en détail, les spéculateurs en denrées, etc., souffriront trop de ce changement brusque, de ce changement violent.

Et si son devoir le plus impérieux est de relever l'industrie agricole, c'est-à-dire de développer le travail, de donner de la prospérité au pays, les principes élémentaires de la science politique lui prescrivent de ménager les positions créées à l'abri des grands abus qui existent dans notre système financier actuel.

Le gouvernement, en remplaçant le système financier actuel par un système plus rationnel, plus scientifique, plus juste, ne doit pas briser les intérêts liés à ce système. S'il brise ces intérêts, s'il ne tient pas compte des circonstances où se trouvent ses intérêts, le gouvernement, tout en faisant une chose rationnelle, tout en arrivant à la réalisation des idées justes, tout en développant la richesse nationale, commettra certaines injustices, certaines iniquités et jettera des milliers de personnes dans la gêne, dans la misère.

Le gouvernement doit graduer le passage d'un système à un autre afin d'obtenir les meilleurs résultats. Il y a *tel des impôts existants* qu'il doit retirer sans retard et *tel des impôts nouveaux* qu'il doit appliquer à l'instant.

Et s'il se permet de changer l'ordre scientifique de la suppression et de l'application des impôts, il y aura, je le répète, des chocs, des froissements terribles d'intérêts : les familles souffriront beaucoup de ces chocs, de ces froissements d'intérêts.

— Et cet ordre scientifique, quel est-il ?

— Le gouvernement doit commencer par...

— Par fermer les douanes.

— Notez que je n'ai jamais dit que la République ne doit plus avoir de douanes.

— Quoi ! Vous avez demandé la suppression des droits à l'exportation et à l'importation. C'est tout comme...

— Non ! ce n'est pas tout comme.

— Il faut supprimer les droits à l'exportation, car ils retardent le développement de l'agriculture. Il faut supprimer les droits *actuels* qui sont à l'importation, car ces droits, n'ayant aucune base scientifique, aucune base rationnelle, retombent, en un fort impôt, sur le consommateur.

— Mais alors s'ils avaient une base scientifique.

— Les droits à l'importation, s'ils avaient une base scientifique, s'ils avaient une base rationnelle, ne seraient pas supportés par le consommateur.

— Et les frais de perception de ces droits.

— Ils seraient, comme ces droits eux-mêmes, supportés par les producteurs étrangers.

— Et la liberté de l'échange au nom de laquelle vous parlez.

— Même avec les droits à l'importation, on

a la liberté de l'échange. Mais j'entends des droits établis par une méthode rationnelle, après une enquête scientifique. Vous avez dû voir que je n'ai trouvé dans mes calculs, jusqu'ici, que la somme de *deux millions trois-cent-soixante piastres*, pour le rendement *des trois premiers impôts;* et vous avez dû trouver, vous-même, *quelques dizaines de mille piastres pour l'impôt mobilier;* mais j'ai toujours compté *sur plusieurs millions de droits à l'importation* pour apaiser le robuste appétit du trésor public.

— Sur plusieurs millions, dites-vous ?

— Je répète : sur plusieurs millions. — Je veux que le gouvernement supprime les taxes hostiles au travail, les taxes hostiles au commerce, les taxes qui empêchent la production de se développer, les taxes qui tarissent la richesse à sa source. — Mais je dis au gouvernement que, s'il tient compte de l'état comparé des diverses industries et productions modernes, que, s'il tient compte des besoins du consommateur, *il pourra,* après une étude approfondie, *faire contribuer les autres États aux charges du pays* en imposant *autrement* les marchandises importées.

— Mais dites donc comment il faudra appliquer votre système financier.

— Pas encore, car.....

— Eh bien, nos spécialistes en science politi-

que, nos financiers, nos économistes le diront,
eux.

— Tant mieux, c'est une idée ! Que vos spécialistes en science politique, que vos financiers,
que vos économistes disent si j'ai réellement
trouvé les *causes* de la crise financière d'Haïti.

Qu'ils indiquent aussi, eux, ce qu'il faut faire
pour *apaiser*, pour *combattre*, pour *faire disparaître* cette crise..... Mais j'ai besoin de leurs
lumières, j'ai besoin de leurs observations, j'ai
besoin de leurs critiques... J'attends aussi les
moyens d'application des remèdes qu'ils propo-
seront. Quant au procédé d'application de mon
système, on le trouvera suffisamment développé
dans :

1º *La Grande Réforme Financière :*

2º *Application du Nouveau Système Financier.*

# TABLE DES MATIÈRES.

## PRÉFACE

## PREMIÈRE PARTIE.

### CHAPITRE PREMIER.



### CHAPITRE II.



### CHAPITRE III.

## CHAPITRE IV.



## CHAPITRE V.



## CHAPITRE VI.



## CHAPITRE VII.

## CHAPITRE VIII.



---

## DEUXIÈME PARTIE.

### CHAPITRE IX.



### CHAPITRE X.



### CHAPITRE XI.

---

## TROISIÈME PARTIE.

### CHAPITRE XVI.



### CHAPITRE XVII.



Paris. — Impr. F. PICHON — A. COTILLON & Cie, 37, rue des Feuillantines
& 24, rue Soufflot.

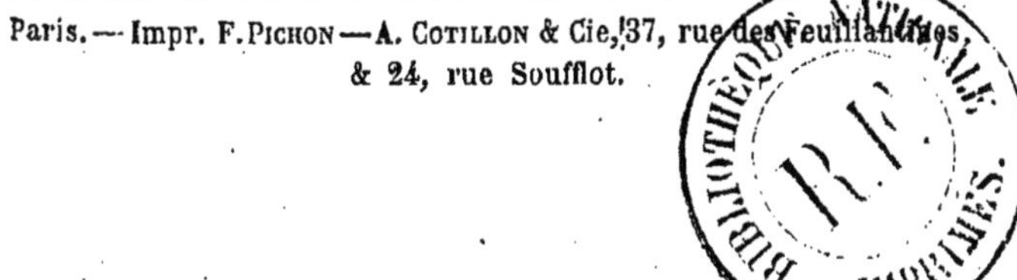

www.ingramcontent.com/pod-product-compliance
Ingram Content Group UK Ltd.
Pitfield, Milton Keynes, MK11 3LW, UK
UKHW020148130726
13696UKWH00002B/421